Traumapädagogik in der stationären Kinder- und Jugendhilfe

Welche Rolle spielen Sozialpädagogen bei der Traumabewältigung?

Bibliografische Information der Deutschen Nationalbibliothek:

Die Deutsche Nationalbibliothek verzeichnet diese Publikation in der Deutschen Nationalbibliografie; detaillierte bibliografische Daten sind im Internet über http://dnb.d-nb.de abrufbar.

Impressum:

Copyright © ScienceFactory 2019

Ein Imprint der Open Publishing GmbH, München

Druck und Bindung: Books on Demand GmbH, Norderstedt, Germany

Covergestaltung: Open Publishing GmbH

Inhaltsverzeichnis

Abbildungsverzeichnis 4

1 Einleitung..5

2 Kindeswohlgefährdung und Traumata 7

2.1 Definition von Kindeswohl und Kindeswohlgefährdung.............................7

2.2 Rechtliche Grundlagen zur Kindeswohlgefährdung und Inobhutnahme 7

2.3 Definition, Arten und Ursachen eines kindlichen Traumas..........................9

3 Traumapädagogik am Beispiel der Heimerziehung.. 17

3.1 Grundlegendes zur Heimerziehung 17

3.2 Strukturelle Rahmenbedingungen nach traumapädagogischen Standard 21

4 Die Rolle der sozialpädagogischen Fachkraft in der Heimerziehung 24

4.1 Die pädagogische Haltung und grundlegende Kompetenzen...........................24

4.2 Ausgewählte traumapädagogische Methoden...26

4.3 Ausgewählte traumapädagogische Konzepte 32

5 Exkurs: Interview mit dem Kinderheim XXXX.. 36

6 Fazit..39

Literaturverzeichnis:... 44

Anhang 49

Abbildungsverzeichnis

Abbildung 1: Verlauf eines Traumas... 11

Abbildung 2: Die häufigsten Arten von Kindeswohlgefährdung........................... 12

Abbildung 3: Diagnostisches Fallverstehen nach Pauls (2011)........................... 28

Abbildung 4: Verstehensprozesse zur Förderung der Selbstbemächtigung......................... 33

1 Einleitung

Eine wichtige AdressatInnengruppe der Kinder- und Jugendhilfe sind traumatisierte Kinder und Jugendliche. Im Jahre 2015 nahmen 530.423 junge Menschen Hilfen zur Erziehung in Anspruch. Im Vergleich zum Vorjahr gab es dabei in der stationären Erziehungshilfe (Pflegefamilien, Heimunterbringung und betreutes Wohnen) einen Anstieg um 17%, in der Heimunterbringung gab es sogar einen Anstieg um 25% (vgl. AKJ STAT 2017: 17). Die Arbeitsstelle AKJStat der Kinder- & Jugendhilfe ist eine Bundesstatistik, in welcher die Auswirkungen der Bestimmungen des SGB VIII zu dessen Weiterentwicklung erhoben werden (SGB VIII §98, Abs. 1).

Ziel dieser Bachelorarbeit ist es, die Traumapädagogik in der stationären Kinder- und Jugendhilfe aus der Perspektive der SozialpädagogInnen zu erörtern. Die Forschungsfrage lautet dabei: Welche Rolle spielen sie in der Traumabewältigung des Kindes in der Heimerziehung? Die vorliegende Arbeit beschäftigt sich mit Traumata von Kindern, welche bedingt durch Kindeswohlgefährdung entstanden sind. Kinder werden dabei im Sinne des Sozialgesetzbuchs VIII definiert als Personen, welche noch nicht 14 Jahre alt sind (vgl. SGB VIII §7 Abschnitt 1.1). Ein Trauma ist laut der Weltgesundheitsorganisation (WHO) „[die Auswirkung eines] belastende[n] Ereignis oder eine Situation außergewöhnlicher Bedrohung oder katastrophenartigen Ausmaßes (kurz- oder langanhaltend), die bei fast jedem eine tiefe Verstörung hervorrufen würde." (WHO nach Weiß 2016: 25). Viele Ereignisse können als traumatisierend angesehen werden, jedoch löst dabei nicht jedes traumatische Ereignis ein Trauma aus.

Die große Gruppe der Kinder, die aufgrund von Fluchterfahrungen ein Trauma erlitten haben, wird nicht weiter fokussiert, da diese lange eher eine Ausnahme in der Heimerziehung darstellten. Ebenso werden solche Kinder, die ein Trauma aufgrund von Naturkatastrophen oder technischen Katastrophen erlitten haben, nicht näher thematisiert.

Traumata durch Kindeswohlgefährdung wird es immer geben, da Kindeswohlgefährdung auch durch präventive Maßnahmen und frühe Hilfen nicht vollständig verhindert werden kann.

Zunächst werden die Begriffe Kindeswohlgefährdung und Trauma in Kapitel Eins definiert und zueinander in Beziehung gesetzt sowie die rechtliche Situation in Deutschland erläutert. Kapitel Zwei richtet den Blick auf die stationäre Kinder- und Jugendhilfe am Beispiel der Heimerziehung. Das dritte Kapitel behandelt die Rolle der sozialpädagogischen Fachkraft, wobei die pädagogische Haltung, grundlegende Kompetenzen sowie ausgewählte pädagogische Methoden und Konzepte erörtert werden. Es folgt ein Ausblick der Traumapädagogik in der Heimerziehung anhand eines Experteninterviews in Kapitel Vier, welches mit dem Leiter des Kinderheims XXXX, Schwerpunkt Traumapädagogik, geführt wurde. Zum Schluss wird ein Fazit gezogen, in welchem die Forschungsfrage beantwortet wird.

2 Kindeswohlgefährdung und Traumata

2.1 Definition von Kindeswohl und Kindeswohlgefährdung

Der Begriff Kindeswohl bezieht sich darauf, was Kinder brauchen, um sich positiv und altersgemäß entwickeln zu können. Dabei geht es um die Förderung der körperlichen, geistigen und emotionalen Entwicklung des Kindes, wobei die Grundbedürfnisse des Kindes erfüllt werden müssen (vgl. Pinkvoss 2009: 22f.). Die Sicherstellung dieser Bedingungen ist zugleich Recht und Pflicht der Eltern oder sonstiger Erziehungsberechtigte. Bedingungen für das Kindeswohl sind beispielsweise ausreichende und gesunde Ernährung, Sicherstellung der körperlichen Pflege, ausreichend Kleidung, körperliche Unversehrtheit, ein anregendes Umfeld, Schutz und eine positive Eltern-Kind-Beziehung (vgl. ebd.: 25).

Das Gegenstück zum Kindeswohl ist die Kindeswohlgefährdung. Diese ist gekennzeichnet durch verschiedene Mängel, wie beispielsweise durch eine mangelhafte Ernährung, mangelnde Pflege oder mangelnde Kleidung des Kindes durch die Eltern oder sonstige Erziehungsberechtigte (vgl. ebd.: 26). Folglich wird eine Kindeswohlgefährdung festgestellt, wenn die Bedingungen für das Kindeswohl nicht gegeben sind. Dadurch wird eine positive Entwicklung des Kindes deutlich erschwert. Eine Kindeswohlgefährdung liegt vor, „wenn das körperliche, geistige oder seelische Wohl des Kindes gefährdet ist" (Pinkvoos 2009: 27). Hierbei besteht eine Gefährdung von Leib und Leben des Kindes. Studien des US Department of Health Services konnten im Jahre 1999 aufzeigen, dass die Kindeswohlgefährdung die gravierendsten Auswirkungen bei Kindern im Alter von null bis fünf Jahren hat, da hier mehr Kinder an den Folgen der Kindeswohlgefährdung sterben als in jeder anderen Altersgruppe (vgl. Ostler & Ziegenhain 2008: 68).

2.2 Rechtliche Grundlagen zur Kindeswohlgefährdung und Inobhutnahme

Die Maßnahmen bei Kindeswohlgefährdung werden in §1666 des Bürgerlichen Gesetzbuches festgelegt: „(1) Wird das körperliche, geistige oder seelische Wohl des Kindes oder sein Vermögen gefährdet und sind die Eltern nicht gewillt oder nicht in der Lage, die Gefahr abzuwenden, so hat das Familiengericht die Maßnahmen zu treffen, die zur Abwendung der Gefahr erforderlich sind. (2) In der Regel ist anzunehmen, dass das Vermögen des Kindes gefährdet ist, wenn der Inhaber der Vermögenssorge seine Unterhalts-pflicht gegenüber dem Kind oder seine mit der

Vermögenssorge verbundenen Pflichten verletzt oder Anordnungen des Gerichts, die sich auf die Vermögenssorge beziehen, nicht befolgt." (vgl. §1666 BGB Abs.1 und 2). Maßnahmen, die daraus resultieren, sind u.a. die Inanspruchnahme der Hilfen der Kinder- und Jugendhilfe, ein Kontaktverbot der Eltern mit dem betroffenen Kind und die vollständige oder teilweise Entziehung der elterlichen Sorge (vgl. §1666 BGB Abs.3).

Wird dem Jugendamt mitgeteilt, dass in einer Familie eine Kindeswohlgefährdung vorliegt, so hat das Jugendamt zunächst die Aufgabe ein Gefährdungsrisiko in Zusammenarbeit mit mehreren Fachkräften durchzuführen (vgl. SGB VIII §8a, Absatz 1). So führte das Jugendamt im Jahre 2015 ungefähr „129 000 Verfahren zur Einschätzung der Gefährdung des Kindeswohls" (vgl. destatis 2016) durch, was im Vergleich zum Vorjahr einen Anstieg um 4,2% darstellte. Dabei handelte es sich in 20 800 Fällen um Kindeswohlgefährdung (ebd.).

In SGB VIII §8a, Absatz 2 wird das weitere Vorgehen festgelegt: „Hält das Jugendamt das Tätigwerden des Familiengerichts für erforderlich, so hat es das Gericht anzurufen; dies gilt auch, wenn die Erziehungsberechtigten nicht bereit oder in der Lage sind, bei der Abschätzung des Gefährdungsrisikos mitzuwirken" (ebd. Absatz 2). Ebenfalls gilt: „Besteht eine dringende Gefahr und kann die Entscheidung des Gerichts nicht abgewartet werden, so ist das Jugendamt verpflichtet, das Kind oder den Jugendlichen in Obhut zu nehmen" (Absatz 2 SGB VIII §8a).

Zur Inobhutnahme legt das SGB VIII in §42, Absatz 1 folgendes fest: „Das Jugendamt ist berechtigt und verpflichtet, ein Kind oder einen Jugendlichen in seine Obhut zu nehmen, wenn (1) das Kind oder der Jugendliche um Obhut bittet oder (2) eine dringende Gefahr für das Wohl des Kindes oder des Jugendlichen die Inobhutnahme erfordert und a) die Personenberechtigten nicht widersprechen oder b) eine familiengerichtliche Entscheidung nicht rechtzeitig eingeholt werden kann oder (3) ein ausländisches Kind oder ein ausländischer Jugendlicher unbegleitet nach Deutschland kommt und sich weder Personensorge- noch Erziehungsberechtigte im Inland aufhalten." Dabei handelt es sich um eine vorläufige Inobhutnahme, da das Kind in der Regel in die Familie zurückgeführt werden soll, wenn keine Kindeswohlgefährdung mehr vorliegt und die Eltern in ihrer Erziehungskompetenz gefördert werden konnten (vgl. SGB VIII §42, Absatz 1).

Stationäre Hilfen der Kinder- und Jugendhilfe sind die Unterbringung in eine Pflegefamilie, ein Heim oder in ein betreutes Wohnen. Zur Heimerziehung ist gesetzlich folgendes festgelegt: „(1) Hilfe zur Erziehung in einer Einrichtung über Tag und

Nacht (Heimerziehung) oder in einer sonstigen betreuten Wohnform soll Kinder und Jugendliche durch eine Verbindung von Alltagserleben mit pädagogischen und therapeutischen Angeboten in ihrer Entwicklung fördern. (2) Sie soll entsprechend dem Alter und Entwicklungsstand des Kindes oder des Jugendlichen sowie den Möglichkeiten der Verbesserung der Erziehungsbedingungen in der Herkunftsfamilie

1. eine Rückkehr in die Familie zu erreichen versuchen oder

2. die Erziehung in einer anderen Familie vorbereiten oder

3. eine auf längere Zeit angelegte Lebensform bieten und auf ein selbständiges Leben vorbereiten. (...)" (SGB VIII §34).

Problematisch ist allerdings bei einer kurzen Inobhutnahme, dass das Aufbauen einer Bindung des Kindes wie bspw. zu der/ dem BezugsbetreuerIn erschwert wird und die Hilfe dadurch nicht optimal gelingen kann. Dies ist ebenfalls der Fall bei häufigen Einrichtungswechseln des Kindes. Daher sollte eine Hilfe auf langer Sicht erfolgen. Stationäre Erziehungshilfen sind allerdings sehr teuer. So wurden im Jahre 2010 4,6 Mrd. Euro für Heimunterbringungen und die Unterbringung in Pflegefamilien von der Kinder- und Jugendhilfe gezahlt (vgl. 14. Kinder- und Jugendbericht 2013: 342).

2.3 Definition, Arten und Ursachen eines kindlichen Traumas

Definition:

Bevor das Thema Traumapädagogik in der stationären Jugendhilfe näher betrachtet wird, ist es notwendig, erst einmal zu klären, was unter einem Trauma verstanden wird. Psychische Traumata werden definiert als die nachträgliche Wirkung traumatischer Erlebnisse, die besonders sind durch ihr plötzliches, unerwartetes Auftreten und ihrer „Intensität an Bedrohung und Ausgeliefertsein, die Betroffene in eine ungeschützte Angst-Schreck-Reaktion („inescapable shock") und damit in einen innerlich überfluteten „Stresszustand" versetzen." (Besser 2009: 44).

Traumatische Erlebnisse sind dabei eine stark belastende Situation, die über eine normale Stresssituation hinausgeht. Das Kind empfindet hierbei ein Gefühl ungewöhnlich starker Bedrohung und Hilflosigkeit, wobei eine Gefahr für Körper oder Leben vorliegt (vgl. Weiß 2016: 25). Es gibt verschiedene Definitionen des Traumas, die sich darin unterscheiden, aus welcher Perspektive ein Trauma betrachtet wird. Zwei zentrale Definitionen des Traumas sind die aus einer epistemischen und einer ontologischen Perspektive:

Epistemisch betrachtet ist „[ein] Trauma der Ausdruck einer biopsychosozialen Verletzung, in der (...) die phänomenale Erfahrung des verletzt Werdens, zum Beispiel als Erleben traumabezogener Symptome wie Flashbacks, Albträume, emotionaler und körperlicher Betäubung (...)" (Nijenhuis 2016: 309f.).

Das Trauma entsteht dabei durch „die fehlende Integration von phänomenaler Erfahrung und phänomenalem Ereignis in die Persönlichkeit des Betroffenen." (ebd.: 309), d.h. das Kind kann die Erfahrung nicht in einen Kontext mit seinen vorherigen Erfahrungen bringen.

„Ontologisch ist ein traumatisierendes Ereignis, wie jedes andere eingebettete Ereignis eine bestimmte dynamische Konfiguration des Gehirns, des Körpers und der Umwelt." (Nijenhuis 2016: 309). Bei einem Trauma erlebt die betroffene Person folglich eine neuronale Veränderung, eine Veränderung der Körperwahrnehmung und in der exogenen Wahrnehmung bzw. der Außenwahrnehmung. Somit ist ein Trauma keine rein psychische Angelegenheit, sondern es betrifft den ganzen Körper sowie die Außenwahrnehmung.

Bei der Verwendung des Begriffs Traumas wird das Trauma häufig mit traumatischen Ereignissen gleich gesetzt. Dies ist allerdings problematisch, da eine Wirkung nicht das gleiche ist wie das Ereignis. Äußere Faktoren haben nicht die gleichen Wirkungen bei den Individuen, daher kann der Begriff Trauma nicht auf das traumatische Ereignis beschränkt werden (vgl. Nijenhuis 2016: 245). Ob ein Kind aufgrund einer traumatischen Erfahrung ein Trauma erleidet, hängt mit seiner Resilienzfähigkeit ab. Darunter versteht man eine psychische Widerstandsfähigkeit sich trotz negativer Lebensbedingungen positiv zu entwickeln und die Entwicklungsaufgaben der verschiedenen Kindheitsphasen problemlos zu bewältigen. Diese Kinder sind trotz der vorliegenden Entwicklungsrisiken lebensfroh und verfügen über ein gesundes Selbstbewusstsein. Die Voraussetzung dafür ist, dass das Kind über mindestens eine stabile Bezugsperson verfügt, mindestens ein Elternteil eine positive Erziehungshaltung vertritt und das Kind über Freundschaften zu Gleichaltrigen verfügt. Eigenschaften des Kindes, welche Resilienz fördern, sind u.a. ein positives Temperament, hohe Problemlösefähigkeiten, ein positives Selbstkonzept, die Fähigkeit zur Impulskontrolle und optimistische Zukunftserwartungen (vgl. Sarimski 2013: 9,12).

Allgemein verläuft das Trauma in folgenden Phasen:

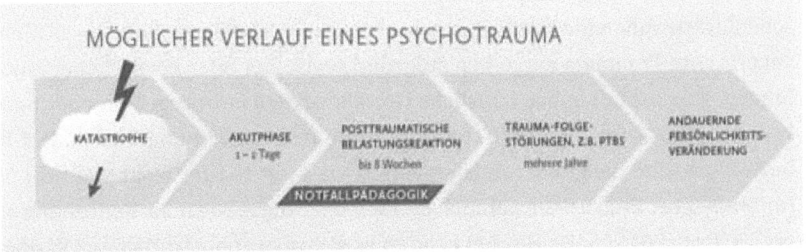

Abbildung 1: Verlauf eines Traumas
Quelle: Freunde der Erziehungskunst Rudolf Steiners e.V.

Zunächst erfolgt ein traumatisches Ereignis, welches in Abbildung 1 mit „Katastrophe" bezeichnet wird. Darauf folgt eine Akutphase, in welcher das Kind starke körperliche Reaktionen wie Zittern, Panikgefühle, Schwitzen oder Desorientierung zeigt. Diese Phase wird abgelöst von der posttraumatischen Belastungsreaktion. Hier ist es wichtig, dass das Kind pädagogische und therapeutische Unterstützung erfährt. Typisch für diese Phase sind Belastungsreaktionen wie Essstörungen, Konzentrationsschwierigkeiten, Magenprobleme, Bewegungsunlust oder Hyperaktivität.

Wird das Trauma nicht mithilfe pädagogischer und/oder therapeutischer Unterstützung begleitet, folgen daraufhin traumaspezifische Folgestörungen wie die Posttraumatische Belastungsstörung, welche mehrere Jahre andauern kann (vgl. Freunde der Erziehungskunst Rudolf Steiners e.V. 2017). Die Problematik eines Traumas liegt in der „traumatischen Zange", d.h. einem Trias „aus überwältigender Bedrohung von außen, der Alarmreaktion des Organismus in Form von Angst, Schmerz und Aktivierung des Körpers bei gleichzeitiger Hilflosigkeit (...) und Machtlosigkeit (...), was in den Zustand des Ausgeliefertsein einmündet" (Michael Huber zit. nach Besser 2013: 45f.). Da ein psychisches Trauma subjektiv empfunden wird, ist es allerdings nicht möglich die Phasen klar voneinander abzugrenzen oder gar zu terminieren, wie es in dem Modell in Abbildung 1 der Fall ist. Daher können diese Phasen nur als grobe Richtlinien gelten. Jedes Trauma wird vom Kind anders erlebt und verläuft dementsprechend unterschiedlich.

Arten und Ursachen:

Man unterscheidet Traumata danach, ob sie von der Umwelt, durch technische Katastrophen oder durch Menschen verursacht wurden. Erstere sind beispielsweise Traumata durch Hungernöte oder Naturkatastrophen; eine technische Katastrophe wäre beispielsweise ein Verkehrsunfall. Diese Arbeit beschäftigt sich mit von Menschen verursachte Traumata, da diese neben den Traumata durch technische Katastrophen die häufigsten Traumata in Europa darstellen. Durch Menschen verursachte Traumata entstehen aufgrund seelischer oder körperlicher Misshandlungen, Vernachlässigung, häusliche Gewalt, sexuellen Übergriffen oder psychisch kranken Eltern (vgl. Weiß 2016a: 27). Diese Art von Traumata hat dabei für das betroffene Kind die gravierendsten Folgen, da diese Kinder nicht mehr die Schutzfunktion ihrer Eltern wahrnehmen können oder diese sogar als Bedrohung erleben (vgl. Krüger 2010: 56f.). Hierbei handelt es sich also offensichtlich um Kindeswohlgefährdung. Abbildung 2 stellt die häufigsten Arten von Kindeswohlgefährdung in Deutschland in Prozentangaben dar, wobei Mehrfachnennungen nicht ausgeschlossen sind.

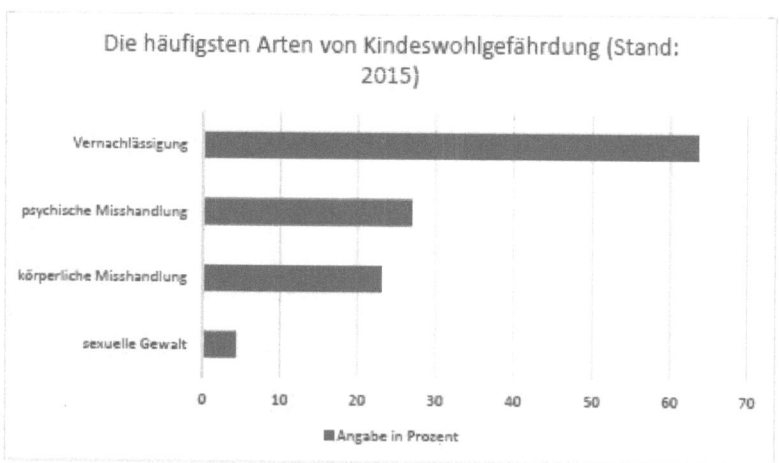

Abbildung 2: Die häufigsten Arten von Kindeswohlgefährdung.
Eigene Darstellung in Anlehung an destatis 2015

Im Folgenden werden die eben genannten Arten von Kindeswohlgefährdung genauer erklärt:

Vernachlässigung stellt aktuell die häufigste Form der Kindeswohlgefährdung mit knapp 65% dar wie in Abbildung 2 verdeutlicht wurde. Dabei sind in Deutschland etwa 10-12% aller Kinder betroffen (vgl. Egle/ Hoffmann/ Joraschky nach Weiß 2016a: 28). Vernachlässigung liegt dann vor, wenn „über längere Zeit bestimmte Versorgungsleistungen materieller, emotionaler und kognitiver Art ausbleiben" (Schone zit. nach Weiß 2016: 28). Dabei kann die Vernachlässigung aktiv oder passiv erfolgen. Arten von Vernachlässigung sind das Nicht-Wahrgenommen-Werden, unzureichende Pflege, mangelnde Kleidung, unterlassene ärztliche Versorgung, mangelnde Förderung wichtiger Fähigkeiten, mangelnde Entwicklungsimpulse und mangelnder Schutz (vgl. Weiß 2016a: 29). Vernachlässigung wirkt sich auf die kindliche Entwicklung bezüglich der körperlichen, kognitiven, emotionalen und sozialen Entwicklung aus (vgl. ebd.). Die Kinder lernen dadurch, dass ihre Signale wie z.B. weinen und schreien nicht gedeutet werden und ihre Bedürfnisse daher irrelevant seien.

Körperliche Misshandlung äußert sich in körperliche Gewalt, die die Eltern als Form der Erziehung gegen ihre Kinder richten. Auslöser können dabei beispielsweise die „seelische Willens- oder Bedürfnisäußerungen von Säuglingen oder Kleinkindern" sein (Weiß 2016a: 32). Das Kind wird als nervig oder quengelig empfunden und für sein „Fehlverhalten" bestraft. Dadurch wird insbesondere das Explorationsverhalten dieser Kinder gehemmt, da diese nicht negativ auffallen wollen und Angst vor weiteren Bestrafungen haben. Weitere häufige Folgen sind eine beeinträchtigte sprachliche Entwicklung, ein ängstliches oder auch aggressives Verhalten sowie eine gestörte Körperwahrnehmung (vgl. ebd.: 32f.).

Häusliche Gewalt wird definiert als „die Gewalt zwischen erwachsenen Bezugspersonen- meist Männern gegen Frauen." (ebd.: 33). Bei den Gewalttaten sind zu etwa 90% der Fälle die Kinder anwesend oder im Nebenraum, so Weiß. Ein Drittel der Kinder wird dabei selbst körperlich oder sexuell misshandelt (vgl. Kavemann 2000 zit. nach Weiß 2016a: 33). Die Kinder wollen den misshandelten Elternteil, meist die Mutter, nicht zusätzlich belasten und zeigen daher ihre Gefühle kaum. Die Kinder erleben dabei selbst massive psychische Gewalt, da sie beispielsweise der Mutter nicht helfen konnten und die Schmerzen der Mutter mitempfinden. Sie empfinden ein überwältigendes Gefühl der Hilflosigkeit. Gleichzeitig stehen sie in einem Loyalitätskonflikt, da sie einerseits den misshandelnden Elternteil hassen, da dieser dem anderen geliebten Elternteil Schmerzen zufügt; andererseits lieben sie weiterhin den misshandelnden Elternteil, da dieser eine der wichtigsten Bezugspersonen bleibt (vgl. Strasser 2013: 47-52).

Des Weiteren konnten Langzeitstudien zeigen, dass die Folgen von dem Miterleben häuslicher Gewalt geschlechtsspezifisch sind: So neigen Frauen, die häuslicher Gewalt in ihrer Kindheit ausgesetzt waren dazu, Gewalt in ihren eigenen Beziehungen hinzunehmen und Männer, die sich mit dem misshandelnden Vater identifizieren, neigen dazu, selbst zum Täter zu werden (vgl. Weiß 2016a: 35). Dadurch entsteht ein Teufelskreis der Gewalt in den betroffenen Familien. Wichtig ist es daher, dass sich die betroffenen Frauen oder Männer rechtzeitig Hilfe suchen um sich und ihre Kinder zu schützen.

Seelische Misshandlung beinhaltet „Erniedrigung, Entwürdigung, Zurückweisung, emotionale Unerreichbarkeit, Gebrauch des Kindes für die Bedürfnisse des Erwachsenen und Terrorisierung" (Weiß 2016a: 30). Das Kind entwickelt ein niedriges Selbstwertgefühl und das Gefühl nicht erwünscht zu sein. Dadurch wird das Kind isoliert. Entscheidend ist dabei die Beziehung zwischen dem Erwachsenen und dem Kind und nicht der Tatbestand allein (vgl. Weiß 2016a: 31). Ab wann man von einer seelischen Misshandlung sprechen kann, ist nicht allgemein festlegbar, da die Intensität des subjektiven Erlebens des Kindes, die Beziehung zu der Person, von der die seelische Misshandlung ausgeht und die Resilienzfähigkeit des Kindes wichtige Faktoren dabei sind.

Sexueller Missbrauch lenkt die Sexualität des Kindes in eine nicht angebrachte Richtung. Das missbrauchte Kind lernt, dass es nur in Form von Sexualität Zuneigung und Liebe erhält. Zentrale Charakteristika des sexuellen Missbrauchs sind die Verleugnung und die Aufforderung zur Geheimhaltung seitens des missbrauchenden Familienmitglieds (vgl. Weiß 2016a: 36). Das Kind schämt sich und nimmt die Verantwortung des Täters auf sich, indem sie sich an sein Geheimhaltungsgebot hält und diesen damit schützt. Viele Kinder können nicht richtig einordnen, was „da mit ihnen geschieht". So kann es während dem Aufklärungsunterricht zu unangenehmen Flashbacks kommen und der Einsicht, dass ein Missbrauch vorliegt oder vorlag. Folgen eines sexuellen Missbrauchs können u.a. Esssucht, Tagträume, Sprachlosigkeit, Autoaggression oder Suchtentwicklungen sein (vgl. Weiß 2016a: 37f.).

Psychisch kranke Eltern können ebenfalls ein Trauma bei ihren Kindern auslösen. Die psychische Krankheit des Elternteiles geht häufig mit einer Vernachlässigung des Kindes einher. Dabei ist die häufigste psychische Störung die Depression. Besonders durch die postnatale Depression der Mutter, die sich bereits wenige Wochen nach der Geburt des Kindes äußert, wird die Eltern-Kind-Beziehung nachhaltig geprägt (vgl. Sarimski 2013: 32). Hierbei liegt die Problematik darin, dass sich die Mutter nicht mit ihrer Mutterrolle identifizieren kann und keine oder verminderte „Muttergefühle" gegenüber ihrem Kind verspürt. Negative Gefühle der Mutter gegenüber ihrem Kind sind dabei keine Seltenheit (vgl. Sarimski 2013: 32). Das Kind bekommt dadurch den Eindruck nicht gewollt zu sein und fühlt sich schuldig. Es zieht sich zurück und wird passiv. Zusätzlich wird das Kind häufig vom gesunden Elternteil dazu aufgefordert, Rücksicht auf den psychisch kranken Elternteil zu nehmen und somit in die Elternrolle gedrängt. Weitere Belastungen sind die

Übernahme der Haushaltsführung sowie das damit verbundene vorzeitige, plötzliche Ende der Kindheit. Schuldgefühle gegenüber der Familie sind dabei nicht selten, wenn etwas nicht so klappt, wie es sich das Kind vorgestellt hat. Das Kind erlebt einen Verlust der Kontrolle seitens der Eltern und einen daraus resultierenden Verlust an Sicherheit (vgl. Weiß 2016a: 42f.). Das Kind wird daran gehindert, Kind zu sein und eigene Erfahrungen zu sammeln. Bezogen auf die kindliche Entwicklung kann man feststellen, dass diese Kinder aufgrund der Vorbilder ihrer Eltern „keine Bewältigungsstrategien im Umgang mit belastenden Emotionen vermittelt [bekommen] und sie dauerhaft in ihrer eigenen Emotionsregulation beeinträchtigt bleiben" (Sarimski 2013: 34).

Auch *suchtkranke Eltern* stellen einen Risikofaktor für das Kind dar. Häufig handelt es sich in suchtkranken Familien um einen alkoholabhängigen Vater und eine Co-abhängige Mutter. Mit Co-Abhängigkeit ist ein Verhalten gemeint, bei welchem die Person ihre eigenen Bedürfnisse und Wünsche in den Hintergrund rückt und immer wieder Entschuldigungen für das Verhalten der abhängigen Person sucht (vgl. Sarimski 2013: 39).

Auch hier liegt die Problematik darin, dass Kinder suchtkranker Elternteile häufig die Elternrolle übernehmen und somit nicht mehr Kind sein können. Häufig darf das Kind über die familiäre Situation mit niemandem reden, da der suchtkranke Elternteil in Schutz genommen wird. Dabei wird das Kind jedoch von den Eltern unzureichend wahrgenommen und gefördert, da alle Energie dem suchtkranken Elternteil dient. Es kann kein sicheres Bindungsverhalten zu einer Bezugsperson aufnehmen (vgl. Sarimski 2013.: 40 f.). Die Suchtkrankheit eines Elternteils geht mit Vernachlässigung und Gewalterfahrungen Hand in Hand. Die betroffenen Kinder neigen zu Verhaltensauffälligkeiten wie Aggressivität und Problemen bei der Kontrolle impulsiven Verhaltens (vgl. Sarimski 2013: 42 f.). In Hinblick auf die eigene Zukunft haben diese Kinder häufig Angst, selbst eine Sucht zu entwickeln.

Diese Faktoren sind Risikofaktoren für die Entstehung eines Traumas, allerdings führen diese wie bereits erwähnt nicht zwangsläufig zu der Bildung eines Traumas. So können ähnliche traumatische Erfahrungen bei verschiedenen Kindern unterschiedliche Auswirkungen haben.

Nijenhuis zufolge hängt die Wahrscheinlichkeit ein Trauma zu entwickeln „von früheren und gegenwärtigen dynamischen Konfigurationen von Gehirn, Körper und Umwelt eines Menschen ab" (Nijenhuis 2016: 310).

Weitere wichtige Faktoren der Resilienzfähigkeit sind frühere Erfahrungen und ob das Kind eine wichtige Bezugsperson hat. Somit wird deutlich, dass bei den häufigsten Ursachen eines Traumas die Eltern eine wesentliche Rolle spielen. Traumatisierte Kinder wachsen häufig in einem ablehnenden Umfeld auf und erhalten wenig Liebe (oder unangemessene Liebe) von mindestens einem Erziehungsberechtigten. Van der Hart fasst den Kern eines psychischen Traumas wie folgt zusammen: „Ich glaube, dass der Kern jeder Traumatisierung in extremer Einsamkeit besteht. Im äußersten Verlassensein." (van der Hart; Nijenhuis; Steele 2008 zit. nach Dörr 2013: 18).

3 Traumapädagogik am Beispiel der Heimerziehung

3.1 Grundlegendes zur Heimerziehung

Die Heimerziehung hat sich in den letzten Jahrzehnten von einer „Verwahrungsanstalt" hin zu einer Hilfe zur Erziehung stark gewandelt, dennoch gibt es weiterhin viele Vorurteile. Diese Vorurteile sind Günder zufolge, dass die Heimerziehung Kindern nicht helfen könne, die Kinder kriminalisieren würde, Aggression eine große Rolle spiele und die Kinder in einer Atmosphäre, die von Kälte geprägt sei, leben würden (vgl. Günder 2015:16). Diese Vorurteile konnten jedoch nicht bestätigt werden. So wurden beispielsweise bereits im Jahre 1998 vom Bundesministerium für Familie, Senioren, Frauen und Jugend Statistiken über die Deliktarten und Delikthäufigkeiten der Kinder und Jugendlichen vor und während der Hilfe erfasst.

Die häufigste Deliktart war Diebstahl (ca. 64% der Stichprobe), allerdings entsprach „[d]ie Art und Verteilung der Delikte (...) in weiteren Zügen der Straftaten der unter 21-jährigen in der Gesamtbevölkerung. (...) Die meisten Straftaten [konnten] als jugendtypisch angesehen werden und deshalb auch dem Bereich der Verhaltensauffälligkeiten zugeordnet werden." (Bundesministerium für Familie, Senioren, Frauen und Jugend 1998: 148f.). Statistisch betrachtet zeigten ein Drittel der unter 29-Jährigen vergleichbares delinquentes Verhalten (ebd.). Somit kann das Vorurteil der erhöhten Kriminalitätsrate von Heimkindern in keiner Weise bestätigt werden.

Insbesondere in den 1970er und 1980er Jahren gab es verstärkt Reformen in der Heimerziehung (vgl. Günder 2015: 75). So handelt es sich nicht mehr um eine „Massenunterbringung" von (Waisen-) Kindern, wie es nach dem zweiten Weltkrieg der Fall war (vgl. ebd.: 24); stattdessen werden heute etwa acht bis zehn Kinder und Jugendliche von etwa vier pädagogischen Fachkräften betreut (vgl. ebd.: 33). „Eine effektive Heimerziehung kann nur abgelöst vom Anstaltscharakter praktiziert werden. Große zentrale Institutionen wurden und werden zunehmend zugunsten kleinerer Heime umstrukturiert und dezentralisiert, sodass kleine überschaubare Lebensräume entstehen." (Günder 2015: 36). Dadurch wird eine familienähnliche Unterbringung gewährleistet. Der Heimaufenthalt spielt eine große Rolle in der Entwicklung des Kindes. „Heime (...) können für die dort lebenden Kinder und Jugendlichen wichtige, förderliche oder verhindernde Orte des Aufwachsens sein (...).

Als förderliche pädagogische Orte (Winkler 1998; Bernfeld 1928) zeichnen sie sich durch Schutz, Versorgung, Fehlerfreundlichkeit, Gemeinschaft, Offenheit und Lernerfahrungen aus." (Dörr 2013:17).

AdressatInnen:

Kinder, die in einem Heim leben, sind heute eher selten Waisenkinder. „Die Kinder stammen in der Regel aus unterprivilegierten Bevölkerungsschichten, der Ausbildungsgrad und der berufliche Status ihrer Eltern sind gering. Kinder mit einem Stiefelternteil sind besonders häufig." (Günder 2015: 39). 2012 hatten dabei 46% der Kinder, welche in einem Heim lebten, einen Elternteil und nur 1% der Kinder waren Waisenkinder (vgl. ebd: 40). Wie bereits in Kapitel 1.2 erwähnt, wird die Inobhutnahme häufig aufgrund von Kindeswohlgefährdung eingeleitet. Diese Kinder können also für eine unbestimmte Zeit nicht in ihrer Herkunftsfamilie leben und wuchsen häufig in schwierigen Verhältnissen auf. Eine Traumatisierung des Kindes wird dabei meist nicht direkt bei der Aufnahme bekannt, sondern häufig erst mit der Zeit (vgl. Günder 2015: 39). Dabei ist die Heimunterbringung in der Regel nicht die erste Erziehungshilfe. Stattdessen sind diese Familien meist schon dem Jugendamt aktenkundig und die ambulanten Maßnahmen waren nicht ausreichend (vgl. ebd.: 113). Eine Analyse des Statistischen Bundesamtes von 2014 ergab, dass „der Schwerpunkt der Neuaufnahmen (...) – wie auch in den Vorjahren – ganz eindeutig mit 63 Prozent bei der Altersgruppe der Zwölf- bis Achtzehnjährigen [lag], wobei die Fünfzehn- bis Achtzehnjährigen besonders stark vertreten waren." (ebd.: 44). Außerdem wurde dabei festgestellt, „dass bei 42 Prozent der in den stationären Einrichtungen lebenden Kindern und Jugendlichen aggressive Verhaltensweisen beziehungsweise Auffälligkeiten ein wichtiger Grund für die Unterbringung waren." (Günder 2015: 45).

Die Hilfeplanung:

Bevor eine erzieherische Hilfe der Kinder- und Jugendhilfe in Anspruch genommen wird, muss eine Hilfeplanung erfolgen. „[Die] Hilfeplanung hat die Aufgabe, jungen Menschen und deren Sorgeberechtigten zu ihrem Recht zu verhelfen und Hilfeprozesse gemeinsam mit ihnen zu gestalten. Hilfekonferenzen, deren Sinn Mädchen und Jungen nicht verstehen, oder Hilfen, die sie nicht wollen, sollten endgültig der Vergangenheit angehören." (Vorwort des SPI 2005 zit. nach Günder 2015: 67). Er enthält eine „Feststellungen über den Bedarf, die zu gewährende Art der Hilfe sowie die notwendigen Leistungen" (vgl. §36 Abs, 2 SGB VIII.)

Der Hilfeplanprozess beinhaltet ein Fachgespräch und ein Hilfeplangespräch. Bei dem Fachgespräch handelt es sich um ein Gespräch von MitarbeiterInnen des Jugendamts, PsychologInnen, ÄrztInnen und weiteren Fachkräften, wobei der individuelle Fall sowie die Vorgeschichte gemeinsam erörtert und mögliche Interventionsmaßnahmen gesucht werden. Bei dem Hilfeplangespräch sind die Eltern oder sonstige Erziehungsberechtigte sowie das betroffene Kind zu beteiligen. Ihre Bedürfnisse und Wünsche müssen Beachtung finden damit eine Hilfe gelingen kann (vgl. Günder 2015: 62f.). Daher ist die Mitwirkung am Hilfeplan in § 36 SGB VIII gesetzlich vorgesehen: „Der Personensorgeberechtigte und das Kind oder der Jugendliche sind vor der Entscheidung über die Inanspruchnahme einer Hilfe und vor einer notwendigen Änderung von Art und Umfang der Hilfe zu beraten und auf die möglichen Folgen für die Entwicklung des Kindes oder des Jugendlichen hinzuweisen. Vor und während einer langfristig zu leistenden Hilfe außerhalb der eigenen Familie ist zu prüfen, ob die Annahme als Kind in Betracht kommt. Ist Hilfe außerhalb der eigenen Familie erforderlich, so sind die vorher genannten Personen bei der Auswahl der Einrichtung oder der Pflegestelle zu beteiligen. Der Wahl und den Wünschen ist zu entsprechen, sofern sie nicht mit unverhältnismäßigen Mehrkosten verbunden sind (...)." (§36 Abs. 1 SGB VIII.).

Ebenfalls ist zu berücksichtigen, dass alle Beteiligten gut auf das Hilfeplangespräch vorbereitet werden und über die Reichweite der dort getroffenen Entscheidungen informiert werden müssen, die Gesprächsrunde nicht zu groß sein sollte und die betroffene Familie anschließend Einsicht in die Dokumentation erhalten, insofern dies gewünscht ist (vgl. Günder 2015: 67). Zentrale Elemente des Hilfeplangesprächs sind dabei unter anderem „[d]er Entwicklungsstand, Entwicklungsfortschritte des Kindes (...), besondere Ereignisse und Vorkommnisse, (...) Veränderungen in der Herkunftsfamilie, die Situation in der Schule (...), (...) die Perspektiven des Kindes (...) und die seiner Familie." (Günder 2015: 66f.). Etwa zweimal im Jahr sollte das Hilfeplangespräch dabei wiederholt werden damit Fortschritte und Probleme bei der Erreichung der im Hilfeplan festgelegten Ziele sichtbar werden und eventuelle Änderungen in Angriff genommen werden können (vgl. ebd.: 66), wenn die Hilfe nicht mehr notwendig erscheint.

Schwierigkeiten bei der Neuaufnahme eines Kindes aus der Sicht der SozialpädagogInnen:

Zur Vorbereitung auf die Heimaufnahme des Kindes seitens der SozialpädagogInnen ist es zunächst einmal erforderlich die Berichte des zuständigen Jugendamtes und eventuelle Diagnosen durch ÄrztInnen und PsychologInnen zu lesen. Diese können dazu beitragen die Bedürfnisse des Kindes und seine Besonderheiten besser zu verstehen. Dabei müssen diese jedoch mit Bedacht gelesen werden, da anderenfalls die Gefahr einer Stigmatisierung des Kindes droht und das Kind nur noch als Träger seiner Symptome gesehen werden würde. (vgl. Günder 2015: 119). Günder zufolge sei die Heimaufnahme für die SozialpädagogInnen und anderen MitarbeiterInnen oftmals überraschend und würde als weitere Arbeitsbelastung empfunden werden. Diese führe zu einem hohen Arbeitsaufwand um die Heimaufnahme des Kindes vorzubereiten sowie zu Veränderungen von Strukturen und Dynamiken der bereits im Heim lebenden Gruppe. Besonders problematisch sei dieser Mehraufwand, wenn generell wenig MitarbeiterInnen zur Verfügung stehen würden (vgl. ebd.: 114f.). Diese Haltung gegenüber der Heimaufnahme eines neuen Kindes ist insofern ungünstig, da das neue Kind sich dadurch abgelehnt fühlen kann und mit Widerstand reagieren könnte. Daher ist es besonders wichtig, dass das Kind bei seiner Aufnahme von einer SozialpädagogIn oder einer anderen pädagogischen Fachkraft begleitet wird und es bei allen wichtigen Entscheidungen mit einbezogen wird. Das Kind soll dabei insbesondere bei seiner Trennung von den Eltern unterstützt werden, insofern es dort vorher gelebt hat um sich in seinem neuen Lebensort willkommen fühlen. Gehres sagt dazu folgendes: „Je intensiver das Gefühl der Annahme durch die Erzieher und Erzieherinnen bei den Heimkindern ausgeprägt ist, desto vertrauensvoller gestaltet sich die Beziehung, und der Einfluß der Heimerziehung ist bedeutend dauerhafter und eindringlicher" (Gehres 1997 zit. nach Günder 2015: 117).

Heimaufenthalt: In Nordrhein-Westfalen betrug im Jahre 2013 bei 56% der Kinder unter 3 Jahren der Aufenthalt in einer stationären Erziehungshilfe etwa 6 Monate, in der Gruppe der 3-6 Jährigen Kinder verließen 18% der Kinder diese nach etwa zwei Jahren (vgl. Kaufhold, Pothmann, Schilling 2016:11f.). Ein Aufenthalt von zwei Jahren gilt dabei als empfehlenswert. Empfohlen wird diese Zeitspanne, da aufgrund von Evaluationsstudien gezeigt werden konnte, dass bei dieser Dauer die Kosten-Nutzen-Relation am günstigsten ist (vgl. Günder 2015: 35).

Auch für die Kinder ist diese Zeitspanne sinnvoll, da nach dieser Zeit häufig eine Rückführung in die Herkunftsfamilie erfolgen oder bei Jugendlichen eine weniger intensive Wohnform in Betracht gezogen werden kann.

Folgende Indikatoren können dabei ebenso den Erfolg der Heimerziehung begünstigen: eine verlässliche Bezugsperson, die Qualität der Hilfeplanung, die Partizipation von Kindern und Eltern sowie die Qualifikation der PädagogInnen (vgl. Lambers 2010 nach Günder 2015: 87). Ein weiterer positiver Faktor kann die

Lebensweltorientierung sein, wobei frühere soziale Kontakte des Kindes bestehen bleiben können, insofern das Heim in der Nähe des alten Wohnortes liegt. Auch die Kontinuität der Beziehungen und im Tagesablauf ist wichtig, da das Kind aufgrund seiner Lebensgeschichte häufig keine Strukturen gewohnt war und keine Verlässlichkeit erlebt hat. Somit wird „[ein] fehlender innerer Halt durch einen äußeren Halt (...) ersetz[t] (...)." (Günder 2015: 100). Da die pädagogische Haltung ein wichtiger Schlüssel zu einer gelungenen Heimerziehung ist, wird darauf nochmal explizit in Kapitel 3.1 eingegangen. Allgemein gestaltet sich die Evaluierung des Heimaufenthalts aus der Sicht der SozialpädagogInnen schwierig, da jedes Kind eine individuelle Lebensgeschichte hat und man seine Entwicklung zwar retrospektiv betrachten kann, jedoch nicht mit Gewissheit sagen kann wie diese Entwicklung ohne den Heimaufenthalt verlaufen wäre (vgl. Günder 2015: 96). Der Einfluss der Heimerziehung auf die Entwicklung des Kindes kann nicht mithilfe einer Kontrollgruppe erforscht werden, da es keine Kontrollgruppe geben kann, die zwar ähnliches erlebt hat, aber keine Hilfe der Kinder- und Jugendhilfe erhalten hat.

3.2 Strukturelle Rahmenbedingungen nach traumapädagogischen Standard

Die BAG Traumapädagogik hat traumapädagogische Standards für die stationäre Kinder- und Jugendhilfe verfasst. Diese sollen als „Leitlinien für die Umsetzung von Traumapädagogik" (Denner 2013: 5) dienen. Bevor die institutionellen Rahmenbedingungen nach traumapädagogischen Standard erläutert, wird zunächst die **Traumapädagogik** definiert: Nach Kühn dient der Begriff Traumapädagogik „als Sammelbegriff für die im Besonderen entwickelten pädagogischen Konzepte zur Arbeit mit traumatisierten Kindern und Jugendlichen in den verschiedenen Arbeitsfeldern." (Kühn 2008: 322 zit. nach Weiß 2013: 32). Weiß zufolge entstand die Traumapädagogik in den 1990er Jahren, wobei sie „Bestandteil der Pädagogik und der Psychotraumatologie ist." (Weiß 2013: 32). Zwar wurden bereits vorher ähnliche Ziele in der Kinder- und Jugendhilfe verfolgt, doch nun wurde der Schwerpunkt besonders auf Kinder und Jugendliche mit (sexuell) traumatischen Erfahrungen gelegt (vgl. ebd.). Gleichzeitig wurden „Erkenntnisse der Psychotraumatologie (...) in Deutschland populärer." (ebd.). Die wichtigsten Wurzeln der Traumapädagogik liegen in der Psychotraumatologie, der Reformpädagogik, der Pädagogik der Befreiung nach Paolo Freire und in der Milieutherapie nach Bruno Bettelheim (vgl. Weiß 2013: 35-37).

Der Heimaufenthalt eines Kindes ist für dieses ein zentrales biografisches Ereignis. Dabei können „Heime, als Einrichtung der stationären Erziehungshilfe, (…) für die dort lebenden Kinder und Jugendlichen wichtige, förderliche oder verhindernde Orte des Aufwachsens sein (…)." (Dörr 2013: 17). Damit der Heimaufenthalt das Kind positiv in seiner Entwicklung unterstützt, muss sich dieser „durch Schutz, Versorgung, Fehlerfreundlichkeit, Gemeinschaft, Offenheit und Lernerfahrung aus[zeichnen]." (ebd.).

Ein wichtiges Ziel ist es dabei das Kind im Aufbau einer psychischen Widerstandsfähigkeit, auch Resilienz genannt, zu unterstützen. Gelingen kann das durch „Erfahrungen der Selbstwirksamkeit über ein erfolgreiches Handeln in der Alltagswelt; Erfahrungen des Selbstwertes über Rückmeldungen durch signifikante andere sowie Erfahrungen der Selbst-Einbindung über eine Integration in eine größere Gemeinschaft." (ebd.). Folglich ist die Ausbildung von Resilienz nur durch soziale Beziehungen und soziale Kommunikation möglich.

Damit die/der SozialpädagogIn zum professionellen Handeln befähigt wird und die Kinder sich im Heim wohlfühlen können, bedarf es bestimmter **äußerer Rahmenbedingungen**. Dazu zählen:

- Die Bereitstellung großer Räumlichkeiten sowohl für die Kinder als auch für die PädagogInnen

- Einzelzimmer für die Kinder, damit diese einen eigenen Rückzugsort haben

- Die Bereitstellung von genügend Personal, damit idealerweise ein Betreuungsschlüssel von 1:1 gewährleistet wird

- Eine angemessene Bezahlung der PädagogInnen, da diese mit gesellschaftlicher Anerkennung der beruflichen Tätigkeit einhergeht

- Bereitstellung von genügend Zeit für die Elternarbeit

- Finanzielle Absicherung von Reflexionshilfen wie beispielsweise der Teamsupervision

- Angebot der Traumatherapie für die betroffenen Kinder

- Aufbau von „Kooperations-, Koordinations- und Vernetzungsstrukturen, die institutionsintern die Kooperation mit anderen beteiligten Einrichtungen (…) koordinieren und nach außen als Ansprechpartner für die jeweils anderen Einrichtungen zur Verfügung stehen." (Dörr 2013: 20)

- Freizeitangebote für die Kinder, welche außerhalb des Heims stattfinden (z.B. Sportvereine) (vgl. Dörr 2013: 19f.).

Ein wichtiges Ziel der Einrichtungen ist die „Schaffung einer gemeinsamen Vision und Grundhaltung." (Schirmer 2013: 265). Traumapädagogik kann in einer Einrichtung nur dann zur Anwendung kommen, wenn die Organisationsentwicklung hin zur Traumapädagogik als „eine gezielte strategische Unternehmungsplanung sowie [in Form von] Prozesse[n] der Beteiligung und Mitgestaltung der MitarbeiterInnen" (ebd.: 246) als kontinuierlicher Prozess erfolgt. Ohne die Beteiligung und Mitgestaltung der MitarbeiterInnen kann folglich nur sehr schwer eine gemeinsame Vision und Grundhaltung entstehen, da die MitarbeiterInnen sich so womöglich nicht damit Identifizieren können und lieber an dem früheren pädagogischen Konzept der Einrichtung festhalten würden.

Um die **Qualität der pädagogischen Arbeit** in der Kinder- und Jugendhilfe sicherzustellen, gibt es eine „Qualitätsvereinbarung (...) zwischen dem öffentlichen Träger (Jugendamt) und dem freien Träger (Jugendhilfeeinrichtung) (...)." (Schirmer 2013: 253). Diese ist in §78a ff. SGB VIII gesetzlich verankert. Als Qualitätsmerkmale gelten dabei u.a. die traumapädagogischen Standards, das Verhalten der Einrichtung in Krisensituation, die Durchführung der Aufnahme eines Kindes, der Erziehungsplan und Evaluation (vgl. ebd.).

Die eben genannten Rahmenbedingungen der Einrichtung sollen zum einen die/ den PädagogIn entlasten, indem es feste Kooperationen gibt und genügend Personal zur Verfügung steht, zum anderen kann sich das Kind durch die Bereitstellung von Einzelzimmern und Freizeitangeboten persönlich entfalten. Die Herstellung von Struktur und der Versuch Stabilität herzustellen, ist sowohl für die Kinder als auch für die MitarbeiterInnen wichtig, da sich die Heimerziehung durch wiederkehrende Personalwechsel, Aufnahmen und Auszügen von Kindern und damit einhergehend veränderten Gruppendynamiken auszeichnet (vgl. Schirmer 2013: 243). Durch die Qualitätsvereinbarung wird versucht die Umsetzung dieser Rahmenbedingungen zu erfassen.

4 Die Rolle der sozialpädagogischen Fachkraft in der Heimerziehung

4.1 Die pädagogische Haltung und grundlegende Kompetenzen

In der Arbeit mit traumatisierten Kindern ist besonders die Haltung der Pädagogin oder des Pädagogen entscheidend damit das Kind bei der Traumaaufarbeitung unterstützt werden kann. Die besten Methoden können unwirksam bleiben, wenn die Haltung der pädagogischen Fachkraft diese nicht widerspiegelt. So stellt Schirmer fest: „Die erzieherische Arbeit wird in der sozialen Begegnung und im Dialog mit den jungen Menschen geleistet; die Qualität der pädagogischen Arbeit steht daher in einem unmittelbaren Zusammenhang mit dem Fachwissen und der Persönlichkeit (innere Haltung, Bewertungs- und Deutungsmuster) der MitarbeiterInnen." (Schirmer 2013: 246).

Das zugrunde liegende Menschenbild sollte humanistisch sein, d.h. jedem Menschen werden bestimmte Fähigkeiten zur Veränderung und Selbstregulation zugesprochen. Zentrale Elemente der Heimerziehung sind daher eine wertschätzende Haltung, Partizipation des Kindes an Entscheidungen und Prozessen, welche das Kind betreffen, Transparenz der pädagogischen Arbeit und Freunde (vgl. Weiß 2016b: 23).

Besonders in der stationären Kinder- & Jugendhilfe ist die „Pädagogik des Sicheren Ortes" ein wichtiges Anliegen. Durch die traumatischen Erfahrungen erleben die betroffenen Kinder einen Verlust an Sicherheit; insbesondere dann, wenn die traumatische Erfahrung durch ein Elternteil ausgelöst wurde. Daher ist eine neue Erfahrung an Sicherheit ein wichtiger Schritt zur Traumabewältigung. Der sogenannte sichere Ort setzt sich aus drei Komponenten zusammen: „die Gestaltung „sicherer Orte" für die Betroffenen [,] die Gestaltung „emotionaler Dialoge" zwischen Kind und PädagogIn [,] die Gestaltung „geschützter Handlungsräume" für die PädagogInnen" (Kühn 2016: 32). Durch äußere sichere Orte kann das Kind wieder einen inneren sicheren Ort entwickeln. Als äußerer sichere Ort definiert Kühn dabei „verlässliche, einschätzbare und zunehmend zu bewältigende Lebensraum- und Alltagsbedingungen" (Kühn 2016: 33). Unter einem emotionalen Dialog versteht man eine „emotionale Berührung" (Vogt 2003 zit. nach Kühn 2016: 33), wobei das Kind nicht für seine unangemessenen Verhaltensweisen sanktioniert wird, sondern ihm Verständnis entgegengebracht wird. Dadurch kann das Kind wieder eine vertrauensvolle Beziehung aufbauen und die unangemessenen Verhaltensweisen schrittweise ablegen (vgl. Kühn 2016: 33). Da die Arbeit mit traumatisierten Kindern sehr belastend sein kann, müssen geschützte Handlungsräume für die PädagogInnen geschaffen werden, indem Unterstützung und sichere Rahmenbedingungen gewährleistet werden (vgl. Kühn 2016: 34).

Eine weitere wichtige Haltung im Umgang mit traumatisierten Kindern ist die „Pädagogik des guten Grundes". Dazu sagt Frau Weiß folgendes: „Alles, was ein Mensch zeigt, macht Sinn in seiner Geschichte!" (Weiß 2016b.: 23). Das heißt, dass ein Kind beispielsweise als unangemessen gesehene Verhaltensweisen zeigt, da diese in der traumatischen Zeit einen Überlebenssinn hatten. Die Pädagogin oder der Pädagoge reagiert dabei verständnisvoll auf das Kind und fragt dieses „Du tust das, weil?" (vgl. Weiß 2016a: 123). Indem das Verhalten des Kindes nicht sanktioniert, sondern gespiegelt wird, unterstützt man das Kind dabei, seine eigenen Verhaltensweisen besser zu verstehen sowie zu akzeptieren (vgl. ebd.: 123).

Die Haltung der Pädagogin bzw. des Pädagogen sollte zudem traumasensibel sein: „Eine traumasensible Haltung beruht einerseits auf der Vermittlung von fachspezifischem Wissen, wie kinder- und jugendpsychiatrischen Krankheitsbildern, bindungstheoretische Grundlagen sowie Psychotraumatologie und andererseits auf einem reflektierten Umgang mit den erlebten Erfahrungen der Kinder und Jugendlichen (…)." (Tiefenthaler; Gahleitner 2016: 177). Dabei ist es unerlässlich, dass die Pädagoginnen und Pädagogen, die mit traumatisierten Kindern arbeiten, eine traumapädagogische Zusatzausbildung oder Weiterbildung absolvieren. Eine weitere wichtige Haltung ist die „Pädagogik der Selbstbemächtigung", welche das Kind als ExpertIn für schwierige Lebenslagen sieht. Dafür wird das Kind zunächst fachlich über Traumata aufgeklärt (vgl. Weiß 2016b: 28).

Entscheidend ist hierbei, dass das Kind einen Perspektivwechsel aus der Opferrolle in die ExpertInnenrolle erfährt. Die Pädagogik der Selbstbemächtigung hat Weiß zufolge auch eine gesellschaftliche Komponente: Die Gesellschaft überträgt eine Autonomieverantwortung auf jeden einzelnen Menschen, d.h. jeder ist für sein Schicksal selbst verantwortlich. „Selbstbemächtigung bedeutet [in diesem Kontext], sich diesen Anforderungen an das Subjekt reflexiv und so autonom wie möglich stellen zu können" (Weiß 2016b: 95). Zusammenfassend lässt sich sagen, dass die pädagogische Haltung in der Arbeit mit traumatisierten Kindern die Würde des Kindes anerkennen, verständnisvoll auf die besonderen Verhaltensweisen dieser Kinder reagiert, traumaspezifisches Fachwissen beinhaltet und das Kind zur Selbstbemächtigung befähigt. Dadurch erfährt das Kind einen Perspektivwechsel aus der Opferrolle zu einem autonomen Subjekt. Da die Beziehung zwischen

PädagogIn und Kind eine fachliche ist, wird eine Distanz hergestellt. In der Heimerziehung kann der oder die Pädagogin als eine Art Familienersatz oder -ergänzung betrachtet werden. Deshalb ist es wichtig, dass das Kind Kontinuität erfährt und die Beziehungen auf Dauer angesetzt sind. Dadurch kann das Kind eine vertrauensvolle Beziehung zu dem oder der PädagogIn aufbauen.

Um traumasensibel zu arbeiten, bedarf es bestimmter Kompetenzen, die als grundlegend in allen pädagogischen Arbeitsbereichen angesehen werden können. Eine wichtige Grundkompetenz ist die Sachkompetenz. Diese beinhaltet Fachwissen über Traumata, traumatischen Übertragungen, Triggern, Flashbacks, Methodenkompetenz, Wissen über Bindungs- und Beziehungsverhalten etc. (vgl. Weiß 2016a: 224f.). Erlangt werden kann dieses Wissen bspw. im Rahmen eines Studiums oder durch Weiterbildungen, z.B. der Weiterbildung als TraumapädagogIn. Des Weiteren ist die Selbstreflexion unverzichtbar. Dazu zählen die Reflexion über das eigene pädagogische Handeln, über die eigene Lebensgeschichte, über den Umgang mit Übertragungs- und Gegenreaktionen und über eigene Verarbeitungsmuster (vgl. Weiß 2016a: 224, 228.). Damit es zu keiner sekundären Traumatisierung kommt ist die Selbstfürsorge eine geeignete präventive Maßnahme. Eine sekundäre Traumatisierung wird dabei definiert als eine „Ansteckung" mit Traumata, z.B. durch die Arbeit mit traumatisierten Kindern; dabei kommt es bei dem Pädagogen bzw. der Pädagogin zu einer Erschütterung des Grundvertrauens durch die mit dem Traumata verbunden stark emotionale Themen wie Familie, Mutterschaft etc. Dabei sind auch Ohnmachtsgefühl und erlebte Hilfslosigkeit durch das Begleiten von Flashbacks möglich (vgl. ebd.: 208f.) Selbstfürsorge beinhaltet beispielsweise die Trennung von Beruf und Privatleben, Selbstaufmerksamkeit, Regeneration durch Freizeitaktivitäten, Vermeidung von Überlastungen und ein stabiles soziales Umfeld (vgl. ebd.: 224, 230ff.).

4.2 Ausgewählte traumapädagogische Methoden

Die Traumaarbeit ist ein Prozess, der die Ziele hat die Kinder dabei zu unterstützen ihre dysfunktionalen Einstellungen zu verändern, das Trauma in ihre individuelle Lebensgeschichte zu integrieren und wieder einen Sinn im Leben zu finden. Weitere Ziele sind die Förderung der Selbstregulation, wieder Vertrauen in die Beziehungen zu finden und soziale Teilhabe (wieder) zu erlangen (vgl. Weiß 2016b: 20f.). Ein methodisches Vorgehen ist in der Heimerziehung erforderlich, da dieses das Erkennen und Lösen von Problemen fördern kann, die sich im pädagogischen Alltag ergeben. Indem das Verhalten der pädagogischen Fachkraft professionali siert wird, soll „eine Übertragung ungünstiger familiärer Verhaltens- und Beziehungsmuster auf die Heimerziehung vermieden werden." (Günder 2015: 164). Professionalität in der stationären Erziehungshilfe beinhaltet dabei grundlegende Kompetenzen, die pädagogische Haltung, Methodenwissen und die Fähigkeit zur Reflexion. „Methode (gr. Methodos: Weg, etwas zu erreichen) meint eine planmäßige, konsequente Verfahrensweise zur optimalen Verwirklichung theoretischer und praktischer Ziele. Wichtig sind die Zielorientierung, Konsequenz und Reflexion sowie Überprüfbarkeit des Handelns zum Zwecke der Problemlösung." (Maykus 2000 zit. nach Günder 2015: 193). Methoden zeichnen sich folglich durch ihre Zielgerichtetheit, konsequente Durchführung und Überprüfbarkeit aus.

In der Heimerziehung ist eine strikte Trennung von Traumapädagogik und Traumatherapie nicht sinnvoll, da traumatische Übertragungen sowohl in der Therapie als auch im Alltag des Kindes auftreten können um ein Beispiel zu nennen. Nur mit Hilfe von Kooperation von Therapie und Pädagogik kann dem Kind langfristig geholfen werden. Herr Grassmann benennt das klassische Vorgehen in der Traumatherapie in Form von folgenden Schritten: „Stabilisierung- Traumabearbeitung- Integration (der traumatischen Erfahrung in die Persönlichkeit und Re-Integration der traumatisierten Persönlichkeit in ihr soziales Umfeld)." (Grassmann 2004: 45). Diese drei Schritte treffen allerdings auch auf die Traumapädagogik zu. Das heißt jedoch nicht, dass PädagogInnen und TherapeutInnen die gleichen Aufgaben in der Heimerziehung erfüllen- die (Trauma-)Therapie kann nur mithilfe einer ausgebildeten Therapeutin bzw. eines Therapeuten erfolgen.

Im Kontext der stationären Jugendhilfe ist zunächst eine Diagnostik notwendig. Diese erfolgt durch eine/ einen TherapeutIn idealerweise als **diagnostisches Fallverstehen** (s. Abbildung 2). „Traumapädagogisches Fallverstehen beruft sich auf eine Diagnostik, die weitgehend als sozialpädagogisch und hermeneutisch bezeichnet ist. (...) Die klinische Diagnostik vertritt einen klassifikatorischen Ansatz, während in der Kinder- & Jugendhilfe eher der rekonstruktive Ansatz seinen Platz hat" (Weiß, Friedrich 2014 zit. nach Gahleitner; Weiß 2016: 262).

Abbildung 3: Diagnostisches Fallverstehen nach Pauls (2011)
Quelle: Gahleitner; Weiß 2016:268)

Das diagnostische Fallverstehen hat im Gegensatz zur klinischen Diagnose den Vorteil, dass das Kind nicht defizitorientiert betrachtet wird, sondern ressourcenorientiert. Dadurch soll außerdem eine Stigmatisierung und Etikettierung verhindert werden (vgl. ebd.: 262).

Doch wie gelingt das? Als dialogorientierter Vorgang, „in dem die Selbstdeutungsmuster der Betroffenen gleichberechtigt neben der Problemdefinition anderer Berücksichtigung findet" (Gahleitner; Hahn; Glems 2013 zit. nach Gahleitner; Weiß 2016: 263). Gefördert werden soll hierbei das Selbstverstehen und die Selbstbemächtigung des betroffenen Kindes (vgl. Gahleitner; Weiß 2016: 263). Nach Pauls müssen im diagnostischen Fallverstehen folgende Komponente dialogisch in Erfahrung gebracht werden: Stressoren, Belastungen, Defizite oder Behinderungen des Kindes, die Umgebungsfaktoren (z.B. das familiäre Umfeld), individuell personale Faktoren (z.B. Alter und Geschlecht) sowie die Stärken und Ressourcen des Kindes (s. Abb. 2). Im Hilfeprozess unterscheidet man dabei zwischen „Orientierungsdiagnostik, Risikodiagnostik, Zuweisungsdiagnostik und Gestaltungsdiagnostik"(vgl. Gahleitner; Weiß 2016: 264). Die ersten zwei Diagnosen erfolgen im Hilfeplangespräch, woraufhin meistens eine erste Zuweisung erfolgt. Dabei wird häufig das Klassifikationssystem ICD-10 verwendet. (vgl. Gahleitner; Weiß 2016.: 264).

Da in der Heimerziehung Kinder und Jugendliche aus unterschiedlichen Altersklassen mit unterschiedlichen Bedürfnissen zusammenleben, ist die Beziehungsarbeit eine wichtige Aufgabe. Viele stationäre Einrichtungen arbeiten mit dem **BezugsbetreuerInsystem**. Dabei wird jedem Kind eine pädagogische Fachkraft zugeordnet, i.d.R. ein(e) ErzieherIn, welche eine exklusive Beziehung zu dem Kind aufbaut. Diese sollte kontinuierlich sein, damit das Kind ein Gefühl von Vertrauen und Sicherheit aufbauen kann. Verschiedene Untersuchungen wie beispielsweise die Untersuchung von Gehres im Jahre 1997 konnten aufzeigen, dass diese Beziehung aus der Sicht des Kindes den größten Einfluss auf eine erfolgreiche Heimunterbringung hat (vgl. Kugler 2010: 20). Viele Heimkinder haben vor der Heimaufnahme negative Beziehungserfahrungen gemacht. Durch die positive Kind-ErzieherIn-Beziehung sollen diese negativen Beziehungserfahrungen korrigiert werden (vgl. ebd.). Die Aufgabe der oder des BezugsbetreuerIn sind es, „(...) immer umfassend auf dem aktuellen Stand der Verhaltensentwicklung und Hilfeplanung der Kinder und Jugendlichen, für deren Betreuung er zuständig ist, [zu sein] und (...) diesbezüglich den Informationsfluss aufrecht [zu halten]. Er [oder sie] hat alle wichtigen Veränderungen im Überblick und bringt sie ins Teamgespräch und in die Erziehungs- und Hilfeplanung ein." (Konzeption einer Einrichtung zit. nach Kugler 2010: 22). Die Auswahl der/ des BezugsbetreuerIn erfolgt im Team, wobei die Kinder und Jugendlichen i.d.R. kein direktes Mitbestimmungsrecht haben (vgl. ebd.: 23). Die größte Schwierigkeit liegt bei dieser Beziehungsarbeit darin, dass es sich um eine berufliche Beziehung handelt. Diese ist terminiert, da das Kind die Einrichtung früher oder später verlassen wird und das pädagogische Personal wechseln kann.

Auch **Teamarbeit** ist unerlässlich in der Heimerziehung. Sie kann sowohl als Methode als auch als Umsetzung verschiedener Methoden angesehen werden. Teamarbeit beinhaltet nach Günder, „dass eine Gruppe mit gemeinsamer Aufgabenstellung und differenzierter oder ähnlicher Aufgabenverteilung unter vergleichbaren Bedingungen Projekte erarbeitet, Entscheidungen herbeiführt, gemeinsame Zielvorstellungen entwickelt und deren Erreichung verfolgt." (Günder 2015: 224). Sie kommt insbesondere dann zum Einsatz, „wenn es darum geht, durch kreative Beiträge und Handlungen schwierige Aufgaben zu lösen." (ebd.: 223). Um Teamarbeit leisten zu können, müssen (Erziehungs-) Ziele sowie die Teamführung eindeutig festgelegt werden, eine Zeit- und Projektplanung erfolgen, die Aufgaben klar verteilt sein und ein internes Controllingsystem vorhanden sein (vgl. Grundwald; Steinbacher 2007 zit. nach Günder 2015: 225).

Als vierte Methode wird im Folgenden die **Biografiearbeit** vorgestellt: Diese soll dem Kind ermöglichen seine individuelle Lebensgeschichte nachzuvollziehen. Gleichzeitig erfährt die/ der SozialpädagogIn etwas über den „emotionalen und sozialen Bedeutungsgehalt" (Krautkrämer-Oberhoff 2013: 126), den das Kind seiner eigenen Lebensgeschichte sowie den einzelnen Ereignissen zuschreibt.

Krautkrämer-Oberhoff betont, dass mithilfe der Biografiearbeit die Lebensgeschichte zu einem „fühlbaren und emotionalen Ereignis(..)"(ebd.) wird.

Problematisch könnte das allerdings sein, wenn ein Trauma noch nicht verarbeitet wurde und durch die Rekonstruktion der Lebensgeschichte zu einem „Flashback" bei dem betroffenen Kind führt. Daher ist diese Methode erst sinnvoll, wenn das betroffene Kind psychisch stabilisiert ist. Anwendung findet diese Methode insbesondere bei Kindern, welche wenig Kenntnis über den eigenen bisherigen Lebensweg hatten, z.B. aufgrund von Beziehungsabbrüchen, häufigen Ortswechseln oder traumatischen Erfahrungen (vgl. Krautkämer-Oberhoff 2013: 126). Ein Beispiel für den Einsatz der Biografiearbeit ist die Erstellung von Lebensbüchern. Hier rekonstruiert das Kind in Zusammenarbeit mit einer Pädagogin bzw. einem Pädagogen die Lebensgeschichte des Kindes oder auch einzelne wichtige Ereignisse im Leben des Kindes. Dieses Lebensbuch soll dem Kind dabei helfen, sich in schwierigen Situationen an vorhergegangene schöne Momente zu erinnern. Gleichzeitig sollen die Lücken in der eigenen Lebensgeschichte durch Berichte von Familienangehörigen geschlossen werden, welche anderenfalls häufig mithilfe der Fantasie geschlossen werden würden (vgl. Krautkrämer-Oberhoff 2013: 126f.). Fokussiert werden dabei nicht nur die Vergangenheit und die Gegenwart, sondern auch die Zukunft des Kindes (ebd.). Das Design des Lebensbuches kann vom Kind dabei individuell gestaltet werden. Wichtig ist hierbei, dass dieses Projekt nicht Seite für Seite genutzt werden muss, sondern dass das Kind selbst aussuchen kann, wie viel es ausfüllen möchte.

Zentrale Themen sind hierbei ein Anfangsinterview zu Beginn des Lebensbuches, Fotos aus der Heimat, Komplimente, die das Kind bereits erhalten hat, die Lieblingslieder des Kindes etc. Nachdem das Projekt abgeschlossen ist erfolgt noch einmal das gleiche Interview, wobei das Kind rückblickend seine Entwicklung betrachten kann. Bezogen auf die Heimerziehung gestaltet sich der Umgang mit Lebensbüchern insofern als sinnvoll, da viele Kinder oftmals von der Frage geplagt sind, warum sie in einem Heim leben (vgl. Krautkrämer-Oberhoff 2013: 129). Durch das Lebensbuch können solche Fragen bearbeitet werden und das Kind somit entlasten. Krautkrämer-Oberhoff fasst den Zweck des Lebensbuchs wie folgt zusammen: „Zum einen verhelfen wir dem Kind seine Geschichte kennen zu lernen und realistische Deutungen für Erlebtes zu gewinnen und zum anderen bringt dieses gemeinsame Erforschen einen Gewinn für die [oder den] Bezugspädagog[In] und ihre [bzw. seine] Beziehung zum Kind, da sie [oder er] neue Facetten des Kindes kennen lernt." (ebd.: 130).

Eine weitere wichtige Methode ist der **Umgang mit Übertragungen**. Damit es zu keiner Retraumatisierung des Kindes oder zu einer sekundären Traumatisierung der/ des PädagogIn kommt, ist es wichtig (traumatische) Übertragungen sowie deren Gegenreaktionen zu kennen und zu verstehen. Doch was ist eine Übertragung? „Das Konzept der Übertragung bezeichnet aus körperpsychologischer Sicht die Vorgänge menschlicher Kommunikation, in denen bewusste und unbewusste Wünsche, Ängste und Konflikte mit lebensgeschichtlich bedeutsamen Personen und/ oder Ereigniskonstellationen aktualisiert werden." (Grassmann 2004: 43). Es handelt sich hierbei i.d.R. um eine Übertragung früherer Beziehungserfahrungen, wobei insbesondere „die Ängste und das Misstrauen der Kinder auf die Pädagog[Innen] [übertragen werden]"(vgl. Kessler 2016: 282). Wenn diese Übertragungsreaktionen der pädagogischen Fachkraft nicht bekannt sind, kann sie diese unbewusst verstärken und dadurch die Beziehung zwischen dem Kind und der/ dem PädagogIn nachhaltig beeinflussen. Dazu ein Beispiel: *Ein Junge soll vor Gericht gegen seinen Vater aussagen, welcher ihn sexuell missbraucht hat. Der Junge erlebte seinen Vater immer als autoritär und mächtig, er fühlte sich ihm gegenüber hilflos. In der Beziehung des Jungen zu seiner Pädagogin scheint der Vater dazwischen zu stehen.* (vgl. Zentrum für Traumapädagogik 2015). Der Junge überträgt seine Ängste und negativen Beziehungserfahrungen folglich auf die Pädagogin und wehrt sich gegen ihre Hilfe vor dem Gerichtsprozess. Frau Weiß schlägt im Umgang mit (traumatischen) Übertragungen folgendes Vorgehen vor:

1. Wahrnehmen und benennen der Übertragung
2. (die eigene) Gegenreaktion wahrnehmen und aus dieser heraus gehen
3. Herstellung von Sicherheit
4. Bedürfnisse des Kindes wahrnehmen und benennen
5. Realitätsprüfung mit dem Kind
6. Handlungsschritte mit dem Kind verhandeln
7. (die eigene) Gegenreaktion reflektieren.

Dabei ist es wichtig, dass die Beziehung zum Kind stets aufrechterhalten bleibt (vgl. Weiß 2016a: 117). Indem (1) die Übertragung benannt wird, bekommt das Kind die Möglichkeit sein eigenes Verhalten zu verstehen und einordnen zu können. Durch das Heraustreten aus der Gegenreaktion (2) wird das Vertrauen des Kindes in die/ den PädagogIn verstärkt, da diese bzw. dieser nicht so reagiert wie es das Kind durch vorherige Beziehungserfahrungen gewohnt ist. Schritt (3), (4) und (5) lösen die Übertragung des Kindes auf, indem es wahrnimmt, dass seine Reaktion früher möglicherweise sinnvoll war, es nun aber nicht mehr notwendig und das Kind in Sicherheit ist. In Schritt (6) wird in Rückblick auf Schritt (4) gemeinsam überlegt, was das Kind nun braucht bzw. machen möchte. Schritt (7) ist für die/ den PädagogIn unerlässlich, damit Gegenreaktionen künftig vermieden werden können und dient dazu das eigene Verhalten besser zu verstehen. Übertragungsreaktionen treten dabei meist nicht zu Beginn der Heimaufnahme auf, sondern meistens dann, wenn das Kind etwas Vertrauen zu der/ dem PädagogIn aufgebaut hat. Das lässt sich damit erklären, dass das Kind das Verhalten der/ des PädagogIn testen möchte aufgrund seiner „traumatischen Erwartungen". Kinder in der stationären Jugendhilfe haben Weiß zufolge oftmals „traumatische Erwartungen" entwickelt, d.h. sie erwarten wenig positives von ihrer Zukunft, hoffen nicht auf Sicherheit, verharren in der Opferrolle (Mädchen) oder drängen sich selbst in die Täterrolle (Jungen) (vgl. Weiß 2016c: 94). Das kann den Beziehungsaufbau zwischen Kind und PädagogIn erschweren, da Übertragungsreaktionen als Störung empfunden werden können (vgl. Kessler 2016: 284).

4.3 Ausgewählte traumapädagogische Konzepte

Einige wichtige Methoden wurden nun vorgestellt. Im Folgenden werden zwei Konzepte näher beschrieben. Diese unterscheiden sich von den Methoden insofern als das sie mithilfe von mehreren Methoden zum Einsatz kommen.

Um dem Kind zu einer autonomen, eigenverantwortlichen Lebensbewältigung zu verhelfen, entwickelte Wilma Weiß die **Pädagogik der Selbstbemächtigung**. Dabei soll nicht nur der individuelle Umgang mit der traumatischen Erfahrung gefördert werden, sondern zugleich auch „ein in der gesellschaftlichen Bezügen höchstmöglich selbstbestimmtes Leben unterstüt[zt] [werden]" (Weiß 2013 zit. nach Weiß 2016c: 93). Traumatische Erwartungen der betroffenen Kinder spiegeln sich in schlechteren gesellschaftlichen Zukunftsprognosen wider, wodurch die betroffenen Kinder später häufiger von Armut und Arbeitslosigkeit bedroht sind (vgl. ebd.: 94). Die Kinder unterschätzen ihre Handlungsmöglichkeiten und verringern diese dadurch. Als Problem sieht Weiß dabei, dass den „Selbstverwirklichungsmöglichkeiten" und „Autonomisierungsversprechen" die „Autonomisierungsverantwortung" gegenübersteht (vgl. Weiß 2016c.: 95). Die Gesellschaft spricht hierbei von einer Chancengleichheit, wobei jeder seines Glückes Schmied ist, wie ein bekanntes Sprichwort lautet. Erfüllt man diese gesellschaftlichen Anforderungen jedoch nicht, so spricht man von einem „privaten Scheitern", welches selbst verursacht wurde (vgl. ebd: 95). Das Scheitern wird dabei folglich nicht aus einer gesellschaftlichen, sondern aus einer individuellen Perspektive betrachtet. Als Reaktion auf diese Problematik definiert Weiß Selbstbemächtigung als die Befähigung des Kindes, autonom und reflexiv mit diesen Anforderungen umzugehen. Dazu müssen verschiedene Verstehensprozesse erfolgen, welche in Abbildung 3 dargestellt werden.

Abbildung 4: Verstehensprozesse zur Förderung der Selbstbemächtigung
Quelle: Gahleitner 2016:100.

Die in Abbildung 3 genannten Verstehensprozesse kann das Kind in Zusammenarbeit mit der Pädagogin bzw. dem Pädagogen lernen. Besonders das Verständnis über „gesellschaftliches Unrecht und die Möglichkeiten, sich zu wehren" (s. Abb. 3) kann den traumatischen Erwartungen entgegenwirken. Ebenfalls ist der Wechsel des Kindes von einer Objektrolle (Opfer) in eine Subjektrolle (Handelndes Subjekt) im Selbstverständnis des Kindes von entscheidender Bedeutung (vgl. Weiß 2016c: 103). Dadurch erlangt das Kind wieder Selbstvertrauen und nimmt seine Handlungen als bedeutungsvoll wahr, die etwas verändern können. Hier könnte man einwenden, dass die Kinder, die in die Täterrolle wechseln damit bereits zum handelnden Subjekt werden. Dadurch entsteht jedoch ein Kreislauf an Gewalt, indem die erlebte Gewalt an anderen Personen ausgelassen wird. Daher ist es wichtig, dass diese Kinder verstehen, dass Gewalt keine Lösung ist und ihnen andere Wege aufzeigt werden um Konflikte zu lösen.

Ein weiteres Konzept ist das **milieutherapeutische- und pädagogische Konzept.** Gahleitner zufolge wird dabei das Ziel verfolgt, „dass das heilsame bzw. förderliche Geschehen im natürlichen Lebensalltag der Adressat[Innen] stattfindet und von dort aus seine Wirkung entfaltet" (Gahleitner 2016: 56). Der Blick wird dabei auf das Gebäude, die Räumlichkeiten und die Ausstattung der Einrichtung der

Jugendhilfe gerichtet, welche einen schützenden Rahmen für den Alltag des Kindes bieten sollen (ebd.). Auch die Beziehung zwischen PädagogIn und Kind wird in den Blick genommen: diese soll ein „emotional korrigierendes Beziehungsangebot" darstellen, wobei BezugsbetreuerIn, das pädagogische Team und die Eltern des Kindes optimalerweise zusammenarbeiten (vgl. Gahleitner 2016: 60). Zur Herstellung eines pädagogisch therapeutischen Milieus bedarf es dabei folgender Schritte: (1) das Herstellen von Sicherheit, (2) die Unterstützung des Kindes bei der Trauma- & Problembewältigung sowie (3) die Integration des pädagogisch-therapeutischen Milieus im Alltag des Kindes (ebd.: 61).

Zur Umsetzung der Methoden und Konzepte allgemein:

Es wurde deutlich, dass ein methodisches und konzeptuelles Vorgehen unerlässlich ist, damit es bei dem Kind zu keiner Retraumatisierung oder zu einer Überforderung der pädagogischen Fachkraft kommt.

Eine Umsetzung der Methoden gelingt nur, wenn das gesamte Team die gleichen Erziehungsziele verfolgt und diese für alle sichtbar sind (vgl. Günder 2015:199f.). Dabei gibt es allgemeine sowie individuelle auf das Kind ausgerichtete Erziehungsziele (ebd.). So können die PädagogInnen nicht vom Kind gegeneinander ausgespielt werden, da alle die gleichen Ziele mit ähnlichen Vorgehensweisen verfolgen. Individuelle Erziehungsziele und Erziehungsaufgaben können Günder zufolge die Unterstützung bei den Hausaufgaben, Begleitung von und Unterstützung bei Freizeitaktivitäten sowie „methodisch abgesichert[e] und vereinbart[e] pädagogische Einzelförderung" sein (Günder 2015: 200).

Diese sollten zudem konsequent durchgesetzt werden, d.h. „ vereinbarte Handlungsstrategien [müssen] auch unter schwierigen Bedingungen für einen längeren Zeitraum" (ebd.: 211) beibehalten werden. Konsequenz ist wichtig, da Erziehungsziele i.d.R. nicht durch einmalige Förderungen erreicht werden können. Wichtig ist es zudem die Zuständigkeiten abzustimmen. Dabei ist jedoch „[g]rundsätzlich (..) die Realisierung der individuellen Erziehung sowie der als notwendig und sinnvoll erachteten pädagogischen Methoden die Angelegenheit aller Gruppenmitarbeiter[Innen]" (Günder 2015: 211).

Wie bereits in Kapitel 3.2 beschrieben, hat sich besonders das BezugsbetreuerInsystem als sinnvoll erwiesen. Diese/r BezugsbetreuerIn „die [/der] besondere Aufgabenbereiche für ein bestimmtes Kind übernimmt, wird die Realisierung der pädagogischen Förderung, wann immer dies zeitlich möglich ist, selbst übernehmen" (Günder 2015: 201). Durch das BezugsbetreuerInsystem wird eine Beziehung zwischen dem Kind und der/ dem BezugsbetreuerIn hergestellt. Gleichzeitig wird die pädagogische Arbeit somit übersichtlicher (vgl. Günder 2015: 202).

Ebenso die Teamarbeit wichtig in der Heimerziehung. Teambesprechungen bzw. Teamsitzungen beinhalten die Absprache von Erziehungszielen, von einer festgelegten Vorgehensweise im Hilfeplan eines Kindes, von organisatorischem etc. (Günder 2015: 226).

Zusammenfassend kann gesagt werden, dass es viele verschiedene traumapädagogische Methoden und Konzepte gibt, die dem Kind bei der Traumaaufarbeitung helfen können, insofern sie im Alltag integriert werden. Dabei gibt es oftmals keine klare Trennung zwischen Pädagogik und Psychologie. Die Anwendung dieser Methoden und Konzepte kann dabei nur dann erfolgreich sein, wenn das Kind in Hinblick auf seine traumabedingten Auffälligkeiten nicht diagnostiziert und stigmatisiert, sondern verstanden wird. Es soll aus einer Opferposition herausgeholt werden und aktive Partizipation erfahren. Weiß fasst die traumapädagogischen Konzepte wie folgt zusammen: „Die Traumapädagogischen Konzepte berücksichtigen das Lebensumfeld der Kinder und ihre Erfahrung und unterstützen diese bei ihrer Traumabearbeitung" (Weiß 2013: 40).

5 Exkurs: Interview mit dem Kinderheim XXXX

Um einen kleinen Einblick in die Praxis der Heimerziehung zu erhalten, wurde ein Experteninterview mit Herrn XXXX, dem Leiter und Geschäftsführer des Kinderheims XXXX durchgeführt. Dieses Kinderheim hat sich von 2008 bis 2011 durch Fortbildungen der MitarbeiterInnen auf Traumapädagogik spezialisiert. Das vollständige Interview kann im Anhang nachgelesen werden. Im Folgenden werden die wichtigsten Aussagen des Interviews zusammengefasst:

Herr XXXX berichtete zunächst über seinen beruflichen Werdegang vom Anerkennungsjahr im Jahre 1987 bis hin zum Arbeitseintritt im Kinderheim XXXX im Jahre 2001 als stellvertretender Heimleiter. Heute ist er stellvertretender Heimleiter und Geschäftsführer des Kinderheim XXXX.

Es folgte eine generelle **Beschreibung der Einrichtung.** So gibt es aktuell 140 stationäre Plätze von insgesamt 214 Plätzen, ein Pflegefamiliensystem und zwei pädagogische Tagesgruppen. Insgesamt besteht die Einrichtung seit 175 Jahren. Als die **häufigsten Gründe für die Aufnahme eines Kindes oder Jugendlichen in die Einrichtung** nannte Herr XXXX folgendes: psychische Erkrankungen der Eltern, Vernachlässigung des Kindes, Misshandlungen und Drogenmissbrauch.

Das Team des Kinderheims setzt sich zusammen aus ErzieherInnen, SozialpädagogInnen, TherapeutInnen und drei PsychologInnen. Dabei ist besonders die Gruppe der SozialpädagogInnen stark vertreten. Pro Fachkraft liegt der Betreuungsschlüssel in einer Regelgruppe dabei bei 1:1,8 und in einer Intensivgruppe bei 1:0,8. Intensivgruppen sind dabei häufiger vertreten. Diese zeichnen sich dadurch aus, dass die Kinder einen höheren Betreuungsbedarf ausweisen. Statistisch betrachtet leben die Kinder etwa 18 Monate in der Einrichtung, wobei es Kinder gibt, die nur wenige Tage dort leben und jene, die von der Kindheit bis zur Volljährigkeit bleiben.

Als **Besonderheit an der Arbeit mit traumatisierten Kindern und Jugendlichen** nannte Herr XXXX folgendes: „Das Besondere ist, wir haben diesen Schwenk gemacht von eher dem erziehenden Ansatz hin zu dem verstehenden Ansatz. Das heißt wir gehen davon aus, dass nicht Kinder nicht normal sind, sondern das, was sie erlebt haben, nicht normal ist. Dass das Spuren hinterlassen hat in Form von Traumata, dass das Verhaltensweisen erzeugt, die die Kinder und Jugendlichen weder selber verstehen noch auch ohne Hilfe abstellen können.

Das führt manchmal zu dissozialen Verhaltensweisen, die dann in den Gruppen und in den Teams eben auch ein Balanceakt erfordern zwischen erziehen und Regeln durchsetzen und eben verstehen und möglicherweise Bedingungen zu setzen, wo

Kinder und Jugendliche sich selber besser verstehen damit sie sich auch verändern können" (XXXX 2018).

Den Grund für die **Spezialisierung der Einrichtung auf Traumapädagogik** sah Herr XXXX darin, dass sich das Klientel verändert habe, d.h. heute wiesen die aufgenommenen Kinder und Jugendlichen oftmals erhebliche Spuren traumatischer Erfahrungen auf. 2008 habe es in dieser Einrichtung eine schwere Krise gegeben, da auf aggressive Verhaltensweisen der Kinder und Jugendlichen nicht angemessen reagiert werden konnte. Die SozialpädagogInnen waren dabei mit dem Verhalten der Kinder und Jugendlichen überfordert. Dabei stellte Herr XXXX folgendes fest: „Wir haben nichts neues erfunden, das heißt wir haben nicht pädagogische Methoden neu erfunden, sondern die Frage der Haltung hat sich geändert. Und dabei ist es wichtig, dass man die ganze Mitarbeiterschaft mitnimmt und die auch schult" (XXXX 2018).

Als Beispiele **für traumapädagogische Methoden im Alltag** des Kinderheims nannte Herr XXXX die Biografiearbeit mithilfe von Lebensbüchern, das dreigliedrige Gehirn, das emotionale Fieberthermometer und die Weil-Methode nach der Pädagogik des guten Grundes. Ebenso seien Vorhersehbarkeit und Transparenz wichtig. Erreicht werden soll das, indem „in jeder Gruppe ein Nachtbereitschaftsplan, wer wann da ist, (…) hängt, aber auch ein Plan der Strukturierung- der Wochenplan (…) [.] [Dort ist vermerkt] was in der Woche ansteht damit man immer wieder darauf hinweisen kann" (XXXX 2018). Die meisten der von Herrn XXXX genannten Methoden wurden in Kapitel 3.2 beschrieben. Bei dem emotionalen Fieberthermometer handelt es sich nach Herrn XXXX um eine Selbsteinschätzung des Kindes, wo es gerade emotional betrachtet steht und wann es „kurz vorm Platzen" ist. Das emotionale Fieberthermometer wird dabei gebastelt und weist einen grünen, gelben und roten Bereich auf. Je nach Intensität der Emotionen kann das Kind sich darauf platzieren, wobei grün bedeutet, dass es dem Kind gut geht und rot das Gegenteil bedeutet.

Im Alltag würden diese Methoden gut angewendet werden können, da das gesamte Team über diese Methodenkompetenz verfüge. Allerdings sei die Anwendung weiterhin teamabhängig, da nicht jede Gruppe gleich häufig die Methoden im Alltag integriert hat, z.B. die Gruppenreflexion. Wichtig ist also, dass nicht die gesamte Einrichtung den Alltag gleich gestaltet, sondern dass das Team der einzelnen Gruppen abspricht. Als Ausnahme nannte Herr XXXX die Biografiearbeit, welche exklusiv mit der/ dem BezugsbetreuerIn durchgeführt werde. Besonders die Notwendigkeit der traumapädagogischen Methodik im Alltag wurde von Herrn XXXX genannt: „Und ich glaube das ist auch das große Kennzeichen hier, weil sonst, wenn man das alles extern macht, dann ist das so ähnlich wie man eine Stunde extern Therapie hat in der Woche und da sag' ich immer, das ist ja 167 zu 1, also vom Stundenaufwand eine Stunde Therapie und 167 Stunden sind sie in der Gruppe, also leben dort. Und das ist zwar auch wertvoll, aber wenn es nicht verknüpft und verzahnt ist [,also Pädagogik und Psychologie], gibt es keine kontinuierliche Entwicklung" (XXXX 2018).

Wichtig für **Festlegung der Ziele im Hilfeplan** sei die Partizipation der Kinder und Jugendlichen sowie die Festlegung von erreichbaren Zielen anstatt von Wünschen: „Also wir achten darauf, dass es eben keine Wünsche formuliert werden im Hilfeplan, sondern Ziele. Und Ziele sind, kennzeichnen sich dadurch, dass sie erreichbar sind. Manchmal sind Kinder und Jugendliche aber damit überfordert. Und da muss man eben auch nochmal kleinschrittig gucken, was sind denn wirklich ihre Ziele damit Heimerziehung gelingen kann. Und wir beteiligen die Kinder und Jugendlichen auch an den Hilfeplänen, auch wirklich und das ist dann nicht nur so, dass es eben (...) so allgemein fachlich gesagt wird, sondern wir beteiligen sie wirklich" (XXXX 2018).

Zur Verbesserung der Heimerziehung in Deutschland generell nannte Herr XXXX zwei Anliegen: Zum einen sollten die Übergänge der jungen Menschen von der Hilfe in die Selbstständigkeit besser begleitet werden, da diese mit Erreichung der Volljährigkeit die stationäre Erziehungshilfe verlassen müssten. Dadurch seien Krisen vorprogrammiert, welche die Fortschritte des jungen Menschen oftmals rückläufig lassen werde. „Es ist widersinnig, dass von den Kindern mit den schweren Belastungen viel früher Selbstständigkeit verlangt wird als von Kindern (...) in Familien mit einem tragenden Netz. [Kinder von Familien mit einem tragenden Netz hingegen können,] wenn sie ausgezogen sind, nochmal immer wieder drauf (...) zurück greifen" (XXXX 2018). Als zweites Anliegen wurde genannt, dass Heimerziehung zwar sehr teuer sei. Herr XXXX erklärte: „[E]in Euro, den man in Heimerziehung rein steckt, bringt drei Euro für die Volkswirtschaft. Das muss man einfach öfter und immer wieder sagen, weil wir sonst unter dem Legitimationsdruck stehen, immer schneller die Hilfeprozesse zu bewältigen und das kann nicht gut gehen" (XXXX 2018).

6 Fazit

Die Traumapädagogik ist in den letzten Jahren verstärkt in das öffentliche Interesse gerückt. Die Inanspruchnahme von Hilfen zur Erziehung ist von 2014 auf 2015 um 17% gestiegen, wobei es in der Heimerziehung einen Anstieg um 25% gab (vgl. AKJSTAT 2015). Dabei stellt die **Kindeswohlgefährdung** einen häufigen Grund der Inanspruchnahme stationärer Erziehungshilfe in Form von betreutem Wohnen, einer Pflegefamilie oder einem Heimaufenthalt dar. Kindeswohlgefährdung wird festgestellt, wenn verschiedene Mängel vorliegen, welche die körperliche und emotionale Entwicklung des Kindes beeinträchtigen. Das Vorgehen bei Kindeswohlgefährdung wurde mithilfe der gesetzlichen Grundlagen (§1666 BGB, §8a SGB VIII., §42 SGB VIII.) beschrieben, ebenso die Rechtsgrundlage der Heimerziehung (§34 SGB VIII.).

Ein **Trauma** wird definiert als die nachträgliche Wirkung traumatischer Erlebnisse, die besonders sind durch ihr plötzliches, unerwartetes Auftreten und ihrer „Intensität an Bedrohung und Ausgeliefertsein, die Betroffene in eine ungeschützte Angst-Schreck-Reaktion („inescapable shock") und damit in einen innerlich überfluteten „Stresszustand" versetzen" (Besser 2009: 44. Epistemisch betrachtet liegt die Problematik eines Traumas darin, dass die traumatische Erfahrung von der betroffenen Person nicht in ihre Lebensgeschichte integriert werden kann. Daraus resultieren Albträume und Flashbacks. Ontologisch betrachtet „ist ein traumatisierendes Ereignis, wie jedes andere eingebettete Ereignis eine bestimmte dynamische Konfiguration des Gehirns, des Körpers und der Umwelt" (Niejenhuis 2016: 309). Mit Konfiguration des Gehirns ist gemeint, dass ein Trauma neuronale Veränderungen bei der betroffenen Person auslöst. Bei der Konfiguration des Körpers und der Umwelt handelt es sich um eine veränderte Körperwahrnehmung und Außenwahrnehmung. Es wurde erklärt, dass nicht jede traumatische Erfahrung zu einem Trauma führt, da die Entwicklung eines Traumas u.a. mit der Resilienzfähigkeit zusammenhängt. Die häufigsten Ursachen eines kindlichen Traumas, welches durch Kindeswohlgefährdung entstanden ist, sind Vernachlässigung, psychische Misshandlung, körperliche Misshandlung und sexuelle Gewalt. Weitere Ursachen können Suchterkrankungen oder psychische Störungen der Erziehungsberechtigten sein. Derzeit handelt es sich in 65% der Fälle um Vernachlässigung (vgl. destatis. Stand: 2015).

Allgemein verläuft das Trauma dabei in folgenden Phasen, welche als grobe Richtlinie angesehen werden können: einer Akutphase, einer Phase der posttraumatischen Belastungsreaktion, einer Phase der Trauma-Folge-Störungen und der andauernden Persönlichkeitsveränderung (vgl. Freunde der Erziehungskunst Rudolf Steiners e.V.). Diese Phasen können jedoch nicht klar voneinander unterschieden oder terminiert werden, da ein Trauma subjektiv empfunden wird.

Nach Kühn wird **Traumapädagogik** definiert „als Sammelbegriff für die im Besonderen entwickelten pädagogischen Konzepte zur Arbeit mit traumatisierten Kindern und Jugendlichen in den verschiedenen Arbeitsfeldern" (Kühn 2008: 322 zit. nach Weiß 2013:32). Diese entstand in den 1990er Jahren und ist somit eine recht junge Disziplin. Ihre wichtigsten Wurzeln sind dabei die Psychotraumatologie, die Reformpädagogik, die Pädagogik der Befreiung nach Paolo Freire und die Milieutherapie nach Bruno Bettelheim (vgl. Weiß 2013: 35-37).

Ziel dieser Bachelorarbeit war es, die Traumapädagogik in der stationären Kinderund Jugendhilfe aus der Perspektive der SozialpädagogInnen zu erörtern um herauszufinden, welche Rolle diese in der Traumabewältigung des Kindes in der Heimerziehung spielen. Zunächst wurde die **Heimerziehung** in Kapitel 2 vorgestellt. Dabei wurden Vorurteile der Heimerziehung genannt, welche bis heute bestehen. Als Beispiel wurde das Vorurteil der erhöhten Delinquenz von Heimkindern anhand von Statistiken der Delinquenz von Kindern und Jugendlichen vor und nach der Hilfe im Vergleich zu der Gesamtbevölkerung der unter 29-Jährigen (Stand 1999) widerlegt. Die Heimerziehung hat heute keinen Anstaltscharakter mehr, sondern versucht mithilfe von kleineren Gruppen, dem BezugsbetreuerInsystem, dem Hilfeplan und Qualitätsmanagement die Entwicklung des Kindes bestmöglich zu unterstützen. Dabei soll die Unterbringung familienähnlich sein. Erreicht werden soll die Rückführung des Kindes in die Herkunftsfamilie nach etwa zwei Jahren, weshalb eine Kooperation zwischen der Einrichtung mit der Herkunftsfamilie einen hohen Stellenwert hat. Das Kind kann dabei allerdings nur in die Familie zurückgeführt werden, wenn keine Kindeswohlgefährdung mehr vorliegt und die Erziehungsberechtigten in ihrer Erziehungskompetenz gestärkt wurden.

Um eine gesunde Entwicklung des Kindes zu gewährleisten, ist eine Professionalisierung der pädagogischen Fachkräfte in der Heimerziehung erforderlich. In Kapitel 3.1 wurden die **erforderlichen Kompetenzen** der SozialpädagogInnen nach Weiß genannt. Diese sind Sachkompetenz, Selbstreflexion und Selbstfürsorge. Die **erforderliche Haltung** der/des SozialpädagogIn wurde mit der Pädagogik des sicheren Ortes nach Kühn, der Pädagogik des guten Grundes nach Weiß und der Pädagogik der Selbstbemächtigung nach Weiß geschildert. Die zentrale Aussage der **Pädagogik des sicheren Ortes** ist dabei, dass ein sicherer äußerer Ort mit kontinuierlichen Beziehungen, Strukturen und Stabilität dem Kind dabei hilft, einen sicheren inneren Ort zu entwickeln. Die **Pädagogik des guten Grundes** vertritt die Annahme, dass jedes Verhalten, dass ein Mensch „Alles, was ein Mensch zeigt, macht Sinn in seiner Geschichte!"(Weiß 2016b.: 23). Die **Pädagogik der Selbstbemächtigung** vertritt die Auffassung, dass das Kind die/der ExpertIn seiner Lebenslage und somit selbst TraumaexpertIn ist. Es wird dabei nicht bloß als „Opfer" seines Traumas und damit als Objekt gesehen, sondern in die Rolle des selbstbemächtigten Subjekts gelenkt. Die vorgestellten Methoden in Kapitel 3.2 sind diagnostisches Fallverstehen nach Gahleitner und Weiß, das BezugsbetreuerInsystem, die Teamarbeit, die Biografiearbeit anhand von Lebensbüchern nach Krautkrämer-Oberhoff und der Umgang mit Übertragung vorgestellt. Ebenso wurden die Konzepte Pädagogik der Selbstbemächtigung nach Weiß sowie das milieutherapeutische- und pädagogische Konzept nach Gahleitner in Kapitel 3.3 vorgestellt. Das **diagnostische Fallverstehen** unterscheidet sich von einer klinischen Diagnostik insofern, dass das Kind nicht defizitorientiert, sondern ressourcenorientiert betrachtet wird. Weitere Elemente, die dabei im Dialog mit dem Kind in Erfahrung gebracht werden sollen, sind die Stressoren und Belastungen des Kindes, die Umgebungsfaktoren und die individuellen Faktoren des Kindes, also beispielsweise sein Alter und Geschlecht (vgl. Gahleitner; Weiß 2016: 268). Bei dem **BezugsbetreuerInsystem** wird jedem Kind eine pädagogische Fachkraft zugeteilt, welche eine exklusive Beziehung zu dem Kind aufbaut, indem z.B. Aktivitäten zu Zweit unternommen werden. Die/ der SozialpädagogIn hat dabei u.a. die Aufgabe, einen Überblick über alle Angelegenheiten, die das Kind betreffen, zu behalten (vgl. Kugler 2010: 20). Bei der **Teamarbeit** hat das Team die Aufgabe „Projekte [zu] erarbeite[n], Entscheidungen herbei[zu]führ[en], gemeinsame Zielvorstellungen [zu] entwickel[n] und deren Erreichung [zu] verfolg[en]" (Günder 2015: 224). Die/ der SozialpädagogIn kann in der Heimerziehung als Einzelkämpfer keinen Erfolg haben, da diese/dieser damit schnell an seine Grenzen kommen würde. Es ist wichtig, dass die gleichen (Erziehungs-)Ziele im Team verfolgt werden, damit die einzelnen Teammitglieder nicht „gegeneinander ausgespielt" werden können. Die **Biografiearbeit** anhand von Lebensbüchern kann dem Kind dabei helfen, seine eigene Lebensgeschichte besser nachvollziehen zu können. Dabei lernt auch die/ der SozialpädagogIn etwas darüber, welchen emotionalen und sozialen Stellenwert die einzelnen Ereignisse für das Kind hatten (vgl. Krautkrämer-Oberhoff 2013: 126-130). **Übertragungsreaktionen** sind in der Heimerziehung keine Seltenheit. Dabei handelt es sich meistens um die Übertragung früherer Beziehungserfahrungen auf die/ den SozialpädagogIn. Zum Umgang mit Übertragungsreaktionen schlägt Weiß vor, dass die/ der PädagogIn zunächst die Übertragung benennt, die eigene Gegenreaktion wahrnimmt und unterlässt, die Herstellung von Sicherheit, dann das Benennen der Bedürfnisse des Kindes, die Durchführung einer Realitätsprüfung mit dem Kind und die nötigen weiteren Handlungsschritte mit dem Kind zu verhandeln (vgl. Weiß 2016a: 117). Sicherheit wird hergestellt, wenn das Kind weder sich selbst, noch eine andere Person gefährden kann. Mithilfe der Realitätsprüfung lernt das Kind, dass sein Verhalten früher vielleicht einmal Sinn ergeben hat und notwendig war, dies jetzt aber nicht mehr der Fall ist, weil sich das Kind an einem sicheren Ort befindet. Dadurch soll das Vertrauen des Kindes in die/ den PädagogIn gestärkt und die Selbstreflexion des Kindes angeregt werden.

Insgesamt kann festgehalten werden, dass bei den Methoden und Konzepten die Selbsterkenntnis des Kindes, das Vertrauen in sich und seine Umwelt, Stabilität und Sicherheit wichtige Elemente sind. Das Kind soll sich nicht länger allein gelassen fühlen und lernt, dass es verstanden und gehört wird. Die Pädagogik versucht dabei mit dem Kind auf Augenhöhe zu bleiben.

Das **Interview** mit Herrn XXXX hat verdeutlicht, dass die Methoden nur mithilfe der genannten pädagogischen Haltung erfolgreich umgesetzt werden können und das ganze Team bzw. die gesamte Einrichtung dahinter stehen muss. Auch ist deutlich geworden, dass eine strikte Trennung von Traumapädagogik und Traumatherapie im pädagogischen Alltag nicht sinnvoll ist, da das Kind auch außerhalb der Therapiestunde gefördert und unterstützt werden sollte. Daher ist es wichtig, dass die SozialpädagogInnen über traumaspezifisches Wissen und deren Übertragungen haben, damit diese solche Übertragungen nicht verstärken und auf das Verhalten des Kindes angemessen reagieren können, ohne dieses bei störendem Verhalten zu überfordern oder schlichtweg zu sanktionieren.

Zur Umsetzung der genannten Methoden und Konzepte bedarf es dabei allerdings nicht nur des Wissens und der pädagogischen Haltung der/ des SozialpädagogIn, sondern auch der Teamarbeit, der Konsequenz und der Ausdauer aller MitarbeiterInnen. Ein einmaliges Anwenden dieser Methoden und Konzepte wird kaum erfolgsversprechend sein, deswegen müssen diese immer wieder Anwendung im pädagogischen Alltag finden. Damit dies gelingen kann, sind **strukturelle Rahmenbedingungen der Einrichtung** in Kapitel 2.2 genannt worden. Dazu zählen beispielsweise die Raumgröße, die Verfügbarkeit von Einzelzimmern für die Kinder, die Bereitstellung von Traumatherapie, Ermöglichung von Freizeitangeboten auch außerhalb des Heims, Kooperation, Transparenz und Qualitätsmanagement.

Abschließend kann gesagt werden, dass sich insbesondere die genannten Methoden und Konzepte als sehr vielversprechend erwiesen haben und viele davon auch bei Kindern und Jugendlichen Anwendung finden könnten, die kein Trauma erlitten haben, sondern anderweitige Schwierigkeiten aufweisen. Hilfreich könnten dabei beispielsweise die Biografiearbeit und das von Herrn XXXX beschriebene emotionale Fieberthermometer sein.

Literaturverzeichnis:

AKJSTAT (2017): Kommentierte Daten der Kinder- & Jugendhilfe. Heft Nr. 1/ 17. 20. Jg. Aufgerufen in: http://www.akjstat.tu-dortmund.de/fileadmin/Startseite/56_KomDat_Heft_1_2017.pdf. [Stand: 06.01.18].

Bausum, Jakob (2016): „…mit einer Ansammlung von Einzelkämpfern"- Traumapädagogische Gruppenarbeit. In: Weiß, Wilma; Kessler, Tanja; Gahlleitner, Silke B. (Hrsg.): Handbuch Traumapädagogik. Weinheim und Basel: Juventa Verlag. S.303-313.

Bausum, Jacob; Besser, Lutz Ulrich; Kühn, Martin; Weiß, Wilma (Hrsg.) (2013): Traumapädagogik. Grundlagen, Arbeitsfelder und Methoden für die pädagogische Praxis. 3., durchgesehene Auflage. Weinheim und Basel: Juventa Verlag.

Bundesministerium für Familie, Senioren, Frauen und Jugend (1998): Leistungen und Grenzen der Heimerziehung. Schriftreihe Band 170. Verlag W. Kohlhammer: Stuttgart.

Bundesministerium für Justiz und für Verbraucherschutz (2017): Bürgerliches Gesetzbuch, §1666. Aufgerufen in: https://www.gesetze-im-internet.de/bgb/__1666.html [Stand: 15.12.17].

Denner, Silvia: Vorwort. In: Lang; Schirmer, Lang; Andrea de Hair; Wahle; Bausum; Weiß; Schmid (Hrsg.) (2013): Traumapädagogische Standards in der stationären Kinder- und Jugendhilfe. Eine Praxis- und Orientierungshilfe der BAG Traumapädagogik. Weinheim und Basel: Juventa Verlag. S. 5-6.

Destatis 2015: 2015: Anstieg der Verfahren zur Kindeswohlgefährdung um 4,2 %. Pressemitteilung Nr. 354. In: https://www.destatis.de/DE/PresseService/Presse/Pressemitteilungen/2016/10/PD16_354_225.html;jsessionid=58147995A856EDB635F68CD9AA7FA5F8.InternetLive1 [Stand: 09.01.18].

Deutscher Bundestag (2013): 14. Kinder- und Jugendbericht.

Dörr, Margret: Der Ethos des sozialen Ortes „Heim" und die Haltung von Päda-gogInnen. Eine notwendige und doch störbare Einheit. In: Lang, Birgit; Schirmer, Claudia; Lang, Thomas; De Hair, Ingeborg Andrea; Wahle, Thomas; Bausum, Jacob; Weiß, Wilma; Schmid, Marc (Hrsg.) (2013): Traumapädagogische Standards in der stationären Kinder- und Jugend-hilfe. Eine Praxis- und Orientierungshilfe der BAG Traumapädagogik. Weinheim und Basel: Juventa Verlag. S.14-31.

Fegert, Jörg M.; Ziegenhain, Ute; Goldbeck, Lutz (Hrsg.): Traumatisierte Kinder und Jugendliche in Deutschland. Analysen und Empfehlungen zu Versor-gung und Betreuung. Weinheim und München: Juventa Verlag. Streeck-Fi-scher, Anette, S. 254-267.

Freunde der Erziehungskunst Rudolf Steiners e.V. (2017): Trauma. Aufgerufen in: https://www.freunde-waldorf.de/notfallpaedagogik/hinter-grund/trauma/ [Stand: 20.12.17].

Gahleitner, Silke B. (2016): Milieutherapeutische und -pädagogische Konzepte. In: Weiß, Wilma; Kessler, Tanja; Gahlleitner, Silke B. (Hrsg.): Handbuch Trauma- pädagogik. Weinheim und Basel: Juventa Verlag. S.56-67.

Gahleitner, Silke B.; Weiß, Wilma (2016): Traumapädagogisches diagnostisches (Fall-)Verstehen. In: Weiß, Wilma; Kessler, Tanja; Gahlleitner, Silke B. (Hrsg.): Handbuch Traumapädagogik. Weinheim und Basel: Juventa Ver-lag. S.262-272.

Gies, Hedi (2016): Traumasensible Netzwerkarbeit. In: Weiß, Wilma; Kessler, Tanja; Gahlleitner, Silke B. (Hrsg.): Handbuch Traumapädagogik. Wein-heim und Basel: Juventa Verlag. S.327-334.

Grassmann, Herbert (2004). Körperpsychologische Grundlagen einer Trauma-therapie. Posttraumatische Übertragungsphänomene im therapeutischen Dialog. In: Psychologische Medizin (O. Hrsg.). 15. Jahrgang 2004. Heft Nummer 3. Aufgerufen in: https://koerperpsychotherapie-dgk.de/wp-content/uploads/Uebertragungsphaenomene_Psychologische-Medi-zin.pdf [Stand: 06.01.18].

Günder, Richard (2015): Praxis und Methoden der Heimerziehung. Entwicklun-gen, Veränderungen und Perspektiven der stationären Erziehungshilfe. 5. Auflage. Freiburg im Breisgau: Lambertus-Verlag.

Hantke, Lydia; Görges, Hans-J. (2012): Handbuch Traumakompetenz. Basiswissen für Therapie, Beratung und Pädagogik. Junfermann Druck & Service: Paderborn.

Karemann, Barbara; Kreyssing, Ulrike (Hrsg.) (2013): Handbuch Kinder & häusliche Gewalt. 3. Aktualisierte und überarbeitete Auflage. Springer Fachmedien: Wiesbaden.

Kessler, Tanja (2016): Diese Wut, die mich immer wieder einholt. In: Weiß, Wilma; Kessler, Tanja; Gahlleitner, Silke B. (Hrsg.): Handbuch Traumapädagogik. Weinheim und Basel: Juventa Verlag. S.282-290.

Krautkrämer-Oberhoff, Maria (2013): Traumapädagogik in der Heimerziehung. Biografiearbeit mit dem Lebensbuch „Meine Geschichte". In: Bausum, Jacob; Besser, Lutz Ulrich; Kühn, Martin; Weiß, Wilma (Hrsg.): Traumapädagogik. Grundlagen, Arbeitsfelder und Methoden für die pädagogische Praxis. 3., durchgesehene Auflage. Weinheim und Basel: Beltz Juventa. S.126-137.

Krüger, Andreas (2010): Erste Hilfe für traumatisierte Kinder. 2. Auflage. Düsseldorf: Patmos Verlag.

Kugler, Christine (2010): Bezugserzieher in der Heimerziehung. In: Evangelische Jugendhilfe Jg.87, Nr.1.

Köckeritz, Christine (2016): Langzeitige Folgen früher Traumatisierung durch Gewalt und Vernachlässigung. In: Weiß, Wilma; Kessler, Tanja; Gahlleitner, Silke B. (Hrsg.): Handbuch Traumapädagogik. Weinheim und Basel: Juventa Verlag.

Lang, Thomas (2016): Trauma und Körper. In: Weiß, Wilma; Kessler, Tanja; Gahlleitner, Silke B. (Hrsg.): Handbuch Traumapädagogik. Weinheim und Basel: Juventa Verlag. S.394-406.

Lutz, Winja (2016): Dissoziation als Anpassungsleistung. In: Weiß, Wilma; Kessler, Tanja; Gahlleitner, Silke B. (Hrsg.): Handbuch Traumapädagogik. Weinheim und Basel: Juventa Verlag. S.371-385.

Marburger, Horst (2016): SGB VIII. Kinder- & Jugendhilfe. Vorschriften und Verordnungen. 11. aktualisierte Auflage. Regensburg: Walhalla & Praetoria Verlag GmbH & Co. KG.

Nijenhuis, Ellen (2016): Die Trauma-Trinität: Ignoranz- Fragilität- Kontrolle. Die Entwicklung des Traumabegriffs/ Traumabedingte Dissoziation: Konzept und Fakten. Göttingen: Vadenhoeck & Ruprecht GmbH & Co. KG.

Pinkvoss, Frauke (2009): Kindeswohlgefährdung. Rechtliche Grundlagen und Orientierung für Jugendhilfe, Schule und Gesundheitswesen. Lehmanns Media: Berlin.

Pothmann, Jens; Kaufhold, Gudula; Schilling, Carina (2016): Junge Kinder in Einrichtungen der stationären Erziehungshilfe Auswertungen amtlicher Statistiken und Befragung der Jugendämter in NRW zu jungen Kindern in stationären Einrichtungen. Akjstat. Aufgerufen in: http://www.forschungsverbund.tu-dortmund.de/fileadmin/Files/Hilfen_zur_Erziehung/290316_Junge_Kinder.pdf [Stand: 13.01.18].

Sarimski, Klaus (2013): Soziale Risiken im frühen Kindesalter. Grundlagen und frühe Interventionen. Göttingen: Hogrefe Verlag GmbH & Co. KG.

Schirmer, Claudia: Institutionelle Standards- Worauf es bei traumapädagogischen Konzepten in den Institutionen ankommt. In: Lang, Birgit; Schirmer, Claudia; Lang, Thomas; De Hair, Ingeborg Andrea; Wahle, Thomas; Bausum, Jacob; Weiß, Wilma; Schmid, Marc (Hrsg.) (2013): Traumapädagogische Standards in der stationären Kinder- und Jugendhilfe. Eine Praxis- und Orientierungshilfe der BAG Traumapädagogik. Weinheim und Basel: Juventa Verlag. S.241-267.

Tiefenthaler, Sabine; Gahleitner, Silke B. (2016): Traumapädagogik in der stationären Kinder- & Jugendhilfe. In: Weiß, Wilma; Kessler, Tanja; Gahlleitner, Silke B. (Hrsg.): Handbuch Traumapädagogik. Weinheim und Basel: Juventa Verlag: S. 176-184.

Weiß, Wilma (2013): Traumapädagogik- Geschichte- Entstehung und Bezüge. In: Lang, Birgit; Schirmer, Claudia; Lang, Thomas; De Hair, Ingeborg Andrea; Wahle, Thomas; Bausum, Jacob; Weiß, Wilma; Schmid, Marc (Hrsg.) (2013): Traumapädagogische Standards in der stationären Kinder- und Jugendhilfe. Eine Praxis- und Orientierungshilfe der BAG Traumapädagogik. Weinheim und Basel: Juventa Verlag S. 32-44.

Weiß, Wilma (2016a): Phillip sucht sein Ich. Zum pädagogischen Umgang mit Traumata in den Erziehungshilfen. 8. Auflage. Weinheim und Basel: Beltz Juventa.

Weiß, Wilma (2016b): Traumapädagogik: Entstehung, Inspirationen, Konzepte. In: Weiß, Wilma; Kessler, Tanja; Gahlleitner, Silke B. (Hrsg.): Handbuch Trauma- pädagogik. Juventa Verlag: Weinheim und Basel. S.20-33.

Weiß, Wilma (2016c): Die Pädagogik der Selbstbemächtigung. In: Weiß, Wilma; Kessler, Tanja; Gahlleitner, Silke B. (Hrsg.): Handbuch Traumapädagogik. Weinheim und Basel: Juventa Verlag: S.93-106.

Zentrum für Traumapädagogik (2015): Die traumatische Übertragung auflösen. Aufgerufen in: http://www.ztp.welle.website/index.php/infomate-rial/theorie-praxis/9-die-traumatische-uebertragung-aufloesen [Stand: 06.01.18].

Ziegenhein, Fegert (Hrsg.) (2008): Kindeswohlgefährdung und Vernachlässi-gung. 2. Auflage. München: Ernst Reinhard GmbH & Co KG, Ostler, Teresa; Ziegenhein, Ute, S. 68.

Anhang

Transkription des Interviews mit Herrn XX am 10.01.2018 im Kinderheim XXXX:

Anmerkungen zum Interview: Wörter wie „ähm" wurden herausgelassen, ansonsten wurde jedes Wort transkribiert. I. bezeichnet den interviewenden Part (Autorin dieser Arbeit), B. hingegen den befragten Part (Herrn XXXX). Sprechpausen sind gekennzeichnet durch (…), wobei die Punkte die Länge der Sprechpause darstellen. Einwürfe der anderen Person wurden in eckigen Klammern [I.: xy] dargestellt. Unterstrichene Wörter wurden im Interview besonders betont und wurden somit hervorgehoben. (???) bedeutet, dass das Wort bei der Transkription nicht richtig verstanden wurde. Des Weiteren wurde bei dem Interview nicht auf eine gendergerechte Sprache geachtet. Äußerungen wie die Pädagogen, die Mitarbeiter etc. beziehen sich allerdings auf beide Geschlechter.

I.: Also erst einmal würde mich interessieren, wie lange Sie schon in der stationären Kinder- und Jugendhilfe arbeiten und wie lange speziell hier in dieser Einrichtung.

B.: Seit 1987 habe ich mein Anerkennungsjahr gemacht, das heißt (….) 30 Jahre, ja. Und in dieser Einrichtung bin ich jetzt im 17. Jahr, bin hier also über (..) ich habe erst in einer Einrichtung in Dülmen gearbeitet, dann habe ich familienanalog gearbeitet, heißt heißt ich habe mit sechs Kindern und Jugendlichen zusammen gewohnt in Hausgemeinschaft und gearbeitet und dann 2001 hier in die Einrichtung als Erziehungsleiter und stellvertretender Heimleiter gekommen und seit, ab 2017 bin ich hier Heimleiter und Geschäftsführer. Und von der Ausbildung her bin ich Diplompädagoge und in der Fortbildung Traumapädagoge.

I.: (..) Dann würde mich noch interessieren wie viele Kinder und Jugendliche aktuell in etwa hier leben.

B.: Also in stationären Plätzen 140, insgesamt betreuen wir als Einrichtung 207 Kinder und Jugendliche (.) in Pflegefamilien darüber hinaus, die werden auch von uns beraten, ja. Und zwei teilstationäre Gruppen, zwei heilpädagogische Tagesgruppen.

I.: Und die heilpädagogischen Tagesgruppen sind dann auch direkt in XXXX oder auch außerhalb?

B.: In XXXX, alles in XXXX. Wir sind eine Einrichtung, die ist in XXXX verortet und auch seit 175 Jahren hier.

I.: Was sind die häufigsten Gründe für die Aufnahme eines Kindes oder Jugendlichen in Ihrer Einrichtung, also speziell stationär?

B.: Also bei der Aufnahme von Kindern und Jugendlichen in die Einrichtung spielen häufig psychische Erkrankungen der Eltern eine Rolle (..), das hat in letzter Zeit zugenommen, danach kommen aber auch schon Vernachlässigung und (..) Misshandlung als Gründe, Drogenmissbrauch- kann man natürlich auch als psychische Erkrankung sehen, aber ist eben auch nochmal eben bei kleinen Kindern häufig ein Unterbringungsgrund. Das sind die Hauptfaktoren.

I.: Und wie ist das Team zusammengesetzt der Fachkräfte? Also gibt es eher Erzieher und Erzieherinnen oder auch Sozialpädagogen?

B.: Unsere Einrichtung zeichnet sich dadurch aus, dass wir einen sehr hohen Anteil von Sozialpädagogen haben und auch teilweise Diplompädagogen. Und wir haben einen eigenen therapeutischen Bereich mit Kinder- und Jugendlichentherapeuten und zwei, drei Psychologinnen.

I.: Und wie viele Kinder und Jugendliche werden dabei in etwa pro Fachkraft betreut?

B.: Das ist unterschiedlich, das ist (...) hängt von dem Gruppenkonzept ab, das heißt in einer Regelgruppe sprechen wir von einem Betreuungssetting von 1 zu 1,8, (.) also eine pädagogische Fachkraft auf 1,8 Kinder. Bei Intensivgruppen geht der Schlüssel bis zu 1 zu 0,8, also das ist schon unterhalb von Eins-zu-Eins-Betreuung. Dabei muss man aber wissen dienstplanmäßig heißt (..) sind wir ja 24/7-Einrichtung, also 24 Stunden rund um die Uhr sieben Tage in der Woche, das heißt wir brauchen auch dementsprechend viele Mitarbeiter.

I.: Und gibt es generell mehr Regelgruppen oder Intensivgruppen?

B.: Es gibt mehr Intensivgruppen mittlerweile, das ist ein Trend.

I.: Was würden Sie persönlich sagen ist das besondere an der Arbeit mit traumatisierten Kindern und Jugendlichen?

B.: Also wir haben im Jahr 2008 bis 2011 eine große traumapädagogische Fortbildung gemacht und unsere Einrichtung zeichnet sich auch durch das traumapädagogische Konzept aus. (.) Das Besondere ist, wir haben diesen Schwenk gemacht von eher dem erziehenden Ansatz hin zu dem verstehenden Ansatz. Das heißt wir gehen davon aus, dass nicht Kinder nicht normal sind, sondern das, was sie erlebt haben, nicht normal ist. Dass das Spuren hinterlassen hat in Form von Traumata, dass das Verhaltensweisen erzeugt, die die Kinder und Jugendlichen weder selber verstehen noch auch ohne Hilfe abstellen können. Das führt manchmal zu dissozialen Verhaltensweisen, die dann in den Gruppen und in den Teams eben auch ein

Balanceakt erfordern zwischen erziehen und Regeln durchsetzen und eben verstehen und möglicherweise Bedingungen zu setzen, wo Kinder und Jugendliche sich selber besser verstehen damit sie sich auch verändern können.

I.: Und wie lange leben die Kinder und Jugendlichen in etwa in Ihrer Einrichtung?

B.: Also wir haben, da wir eher spezialisiert sind auf jüngere Kinder und Jugendliche (.) wir haben Weichen von der statistischen Aufnahmealter nach unten hin ab und (.) die Verweildauer ist ungefähr bei 18 Monaten. Das ist aber nur ein statistischer Wert. Wir haben sowohl Kinder, die mit 8 kommen und erst mit 19 entlassen werden als auch Kinder, die nur 1, 2, 3, 4 Tage da sind. Insofern muss man da immer genau gucken, in welchem Konzept befindet man sich. Hier auf dem Hauptgelände ist es so, dass wir hauptsächlich (.) schauen, was die Perspektive ist, kann es zurück nach Hause gehen, kann es, wenn es nicht geht (.) und auch mit Hilfen nicht geht, dann eben langfristiger Verbleib in einer neuen Familie, also in Richtung Vermittlung in Pflegefamilien oder eben auch in längerfristigen Verbleib in einer unserer Außenwohngruppen zum Beispiel mit dem Ziel der Verselbstständigung.

I.: Und warum hat sich speziell Ihre Einrichtung auf Traumapädagogik spezialisiert? Also gab es vorher irgendwelche Komplikationen und welche Verbesserungen gibt es jetzt durch diese Fortbildung?

B.: Wir haben <u>deutlich</u> gemerkt, dass sich das Klientel verändert, also dass (..) Kinder werden relativ spät erst untergebracht und haben schon auch im jungen Alter erhebliche Spuren von (.) traumatischen Erfahrungen und (.) da reichte unser Handwerkszeug nicht aus. Deswegen haben wir 2008 nach einer Krise, die auch lange zusammen hing, dass es viel aggressives Verhalten gab (.) und sich geballt hat auch, nochmal versucht, dem entgegen zu wirken. Das kann ich rückblickend sagen ist auch (.) gelungen. Wir haben <u>nichts neues</u> erfunden, das heißt wir haben nicht pädagogische Methoden neu erfunden, sondern die Frage der <u>Haltung</u> hat sich geändert. Und dabei ist es wichtig, dass man die ganze Mitarbeiterschaft mitnimmt und die auch schult. Deswegen haben wir so ein umfangreiches Projekt gemacht über drei Jahre und die Mitarbeiter hier schulen können im Sinne von Traumapädaogik und ausbilden können auch und sind auch sehr bemüht nachhaltig immer wieder- es gibt ja einen Mitarbeiterwechsel auch- die neuen Mitarbeiter eben zu schulen oder eben auch da Inhouse-Fortbildungen anzubieten oder eben auch nach einer gewissen Zeit auch anzuraten eine traumapädagogische Ausbildung zu machen. Wir arbeiten mit dem Institut für Traumapädagogik in Hanau zusammen, aber auch mit dem Institut in Bremen und dem Institut in Bielefeld. Das sind nochmal so drei so Anker, das (..) und das bewährt sich auch. Und wir haben eine Untersuchung seitens des IKJ gemacht durch Herrn (M.??)., der auch uns bestätigt hat, auch wissenschaftlich bestätigt hat, dass sich dieser Weg lohnt. Auch im Sinne des besseren Gelingens von Leben für Kinder und Jugendliche.

I.: Und wenden Sie dabei auch bestimmte traumapädagogische Methoden an? Und wenn ja, welche?

B.: Also es gibt unterschiedliche. (.) Ein Schwerpunkt ist eben auch die Biografiearbeit (...). Wir haben (..) gelernt, dass (..) traumatisierte Kinder (.) sehr viel mehr Vorhersagbarkeit und Transparenz gebrauchen. Also das heißt sie haben ja Ohnmachtserfahrungen erlebt, sind überwältigt worden und deswegen ist es auch zum Beispiel (.) hängt in jeder Gruppe ein Nachtbereitschaftsplan, wer wann da ist, es hängt aber auch ein Plan der Strukturierung- der Wochenplan hängt da, was in der Woche ansteht damit man immer wieder darauf (.) hinweisen kann, ist ein Teil. Es gibt einen anderen Teil, wo wir im Rahmen von Biografiearbeit (..) die Lebensbücher erarbeiten sowohl für Kinder als auch für Jugendliche um Kindern Orientierung zu geben. Die haben häufig schon viele Wechsel erlebt von Erwachsenen, von (.) Wohnorten und letztendlich beschäftigen sie sich doch immer wieder damit, "was habe ich eigentlich von meiner Mutter und was habe ich von meinem Vater?" Und haben auch manchmal Angst auch, wenn die Eltern zum Beispiel psychisch erkrankt sind, selber psychisch zu erkranken. Das geht nur im Rahmen von (.) von Vernetzung von Psychologie und Pädagogik. So haben wir auch zwei Konzepte entwickelt, wo man methodisch ganz eng zusammen arbeitet, wo die Psychologin in den Gruppen mitarbeitet, aber auch die therapeutischen Angebote anbietet. Wir haben zum Beispiel die Methode des dreigliedrigen Gehirns, wenden wir an, um Kindern und Jugendlichen deutlich zu machen, dass sie nicht normal, dass sie normal sind, dass jeder Mensch einfach auch bestimmte Instanzen im Gehirn hat und das wird auch bildlich fokussiert, das wird mit den Kindern erarbeitet im pädagogischen Alltag, aber auch im therapeutischen Alltag. Es gibt emotionale Fieberthermomenter zum Beispiel, gibt eine Vielfalt an Methoden, die sich da heraus entwickelt haben, die nicht grundsätzlich neu sind, aber in der Fokussierung auf die Geschichte der Kinder und Jugendlichen, mit denen wir zu tun haben, schon auch eine besondere Anwendung finden.

I.: Und das emotionale Fieberthermometer, was ist das genau?

B.: Da lernen die Kinder sich selbst einzuschätzen zum Beispiel. (..) „Wo stehe ich? Und wann passiert es so, dass ich vorm Platzen bin, dass ich auch nicht mehr weiß, dass ich Sachen mache, die ich anschließend vielleicht bereue. Das ich jemanden schlage, dass ich selber so erregt bin (.) und was kann mir dabei helfen, rechtzeitig runter zu kommen?" Zum Beispiel Sport und Bewegung, eine gute Methode runter zu kommen, Entspannungsmöglichkeiten. Manchmal reicht aber auch ein Talisman, also ein Stein, den man in der Tasche hat als Übertragungsobjekt. Manchmal sind es Wutbälle, Telefonbücher, die man zerreißen kann um einfach in dem grünen Bereich zu bleiben. Also es gibt da eben dieses Gelb-Grün-Rot und im roten Bereich ist es halt (..), ja, geht es eben drüber hinaus, was nicht mehr verträglich ist für sich und für die Anderen nicht.

I.: Kann man sich das richtig vorstellen als ein Modell aus Papier zum Beispiel oder ist das nur so eine Metapher?

B.: Nein, das wird wirklich mit den Kindern gemalt. Manchmal wird es auch gebastelt und wird dann mit geschoben- wo stehe ich gerade- oder wenn das so hoch ist, was ist denn? Oder der Pädagoge sagt nochmal, ich schätze aber im Moment das so ein. Weil, also die Methode, auch die Weil-Methode, ist hilfreich. Nicht zu fragen warum machst du das? Sondern in unvollständigen Sätzen mit den Kindern zu sprechen. „Du hast das gemacht, weil (.)". Dann kommen wir viel schneller ins Gespräch, weil das einen Aufforderungscharakter hat.

I.: Ist die Weil-Methode die Methode, die sich auf die Pädagogik des guten Grundes bezieht?

B.: Ja.

I.: Okay, gut. (...) So, würden Sie sagen, dass die traumapädagogischen Methoden im Alltag gut angewendet werden können oder sind das dann immer so "Extraerlebnisse" [gemeint sind pädagogische Angebote], die man mit dem Kind initiiert?

B.: Die werden, also das kommt eben darauf an ob die Gruppe gelernt hat, also das Team gelernt hat, das in den Alltag einzubauen. Es gibt Sachen, die man außerhalb dann, also die man einzeln, also Biografiearbeit, da hat der Bezugsbetreuer zum Beispiel einen zeitlichen Rahmen, wo er mit dem Kind alleine was macht. Da geht es dann auch manchmal darum Gefühle zu spiegeln oder (.) anhand von Fotokarten nochmals überhaupt zu verorten, welche Gefühle gibt es eigentlich? Weil häufig kennen die nur die extremen Gefühle und die Schattierungen zwischen Grau und zwischen Schwarz und Weiß muss man erst langsam hier aufblättern. Das sind exklusive Zeiten. Aber grundsätzlich, also zum Beispiel die Gruppenrunde abends, die tägliche Reflexionsrunde in vielen Teams hier, nicht in allen, manche machen das vom Alter abhängig (.) nur zweimal in der Woche. Aber die helfen schon (.) den

Kindern und sind im Alltag verankert. Und ich glaube das ist auch das große Kennzeichen hier, weil sonst, wenn man das alles extern macht, dann ist das so ähnlich wie man eine Stunde extern Therapie hat in der Woche und da sag' ich immer, das ist ja 167 zu 1, also vom Stundenaufwand eine Stunde Therapie und 167 Stunden sind sie in der Gruppe, also leben dort. Und das ist zwar auch wertvoll, aber wenn es nicht verknüpft und verzahnt ist, gibt es keine kontinuierliche Entwicklung. Und das ist uns, glaube ich, ganz gut gelungen, dass die Teams das mittlerweile gut anwenden können- ist auch Ergebnis des umfangreichen Schulungsprojektes.

I.: Dann habe ich ein Buch noch gelesen von Herrn Günder, das heißt "Praxis und Methoden der Heimerziehung" und darin spricht er davon, dass es eine Diskrepanz gibt zwischen den festgelegten Zielen im Hilfeplan und deren Umsetzung. Also dass meistens die Ziele nicht so schnell erreicht werden können, wie vorher besprochen wurde und dass ganz oft der ganze Hilfeplan nochmal komplett umstrukturiert werden müsse. Können Sie das in Ihrer Arbeit hier auch beobachten oder funktioniert das eigentlich ganz gut?

B.: Also wir haben eine umfangreiche Zielbestimmung, das heißt wir haben ja auf der einen Seite unsere Ziele, die wir, wir werden evaluiert vom Institut für Kinder und Jugendhilfe in Mainz, das heißt wir geben dort die Daten ein und da gibt es eben auch drei Ziele immer pro Hilfeplan für, bezogen auf Eltern und drei Ziele auf Kinder. Und wir haben gelernt, also nach dem (???) System, dass Zielformulierung eben, ja sehr behutsam, eher besser niedriger anzusetzen sind als dass man anschließend naja die Ziele können wir so nicht erreichen. Im praktischen Alltag ist das sicher nochmal schwieriger wirklich umzusetzen, aber ich finde es nicht so (???). Also wir achten darauf, dass es eben keine Wünsche formuliert werden im Hilfeplan, sondern Ziele. Und Ziele sind, kennzeichnen sich dadurch, dass sie erreichbar sind. Manchmal sind Kinder und Jugendliche aber damit überfordert. Und da muss man eben auch nochmal kleinschrittig gucken, was sind denn wirklich ihre Ziele damit Heimerziehung gelingen kann. Und wir beteiligen die Kinder und Jugendlichen auch an den Hilfeplänen, auch wirklich und das ist dann nicht nur so, dass es eben (..) so allgemein fachlich gesagt wird, sondern wir beteiligen sie wirklich. Und passen die Hilfepläne dem Alter der Kinder an. Also ein 5-Jähriger kann sich ja noch nicht so äußern wie ein 12-Jähriger. Und auch ein 12-Jähriger kann den Hilfeplan in dieser Expertenrunde sag ich mal mit vielen Erwachsenen, braucht der Unterstützung. Und da ist der Bezugsbetreuer, der eben da zur Seite steht und auch in der Vorbereitung mit dem Kind den Trägerbericht zum Beispiel schon durchspricht. Also auch das, was wir dem Jugendamt mitteilen im Vorfeld des Hilfeplans, auch Eltern und Kindern bekannt ist.

I.: Als vorletzte Frage würde mich die Finanzierung interessieren. Also wird das alles vom Jugendamt finanziert oder von den Eltern teilweise der Kinder oder wie läuft das generell ab? Also wer zahlt für den Aufenthalt des Kindes?

B.: Grundsätzlich zahlt für den Aufenthalt des Kindes das Jugendamt den Pflegesatz, den vereinbarten Pflegesatz. Bei Eltern mit Einkommen, Arbeitseinkommen, holt sich das Jugendamt einen sogenannten Kostenbeitrag. Das ist aber <u>sehr selten</u> der Fall, weil wir häufig ja mit Alleinerziehenden zu tun haben, weil wir häufig ja mit (.) Eltern zu tun haben, die zusätzlich Sozialleistungen beziehen, also diejenigen Eltern zahlen keinen Kostenbeitrag. Was für uns aber zudem wichtig ist um überhaupt so eine gute Arbeit machen zu können und die Mitarbeiter auch fortbilden zu können (.) haben <u>wir</u> glücklicherweise einen guten Sponsor, der diese Arbeit möglich gemacht hat. Also diese Fortbildung und dieses Umschwenken möglich gemacht hat. Und es bedarf natürlich auch einer Entscheidung auf Leitungsebene, dass wir das befürworten. Es gibt da eben halt (..) grundsätzlich sind die Pflegesätze kostendeckend für die Leistungen der Mitarbeiter, Mitarbeiter, für die Versorgung der Kinder, also was Lebensmittel und Bekleidung angeht, Taschengelder kommen da noch oben drauf, aber das, was wir on top machen, (.) damit zeichnet sich die Kinder- und Jugendhilfe XXXX schon durchaus aus, ist, dass wir gute Fortbildungsmöglichkeiten anbieten und die können wir uns nur leisten sag ich mal, indem wir dann andere Sachen erwirtschaften.

I.: Und wer genau ist der Sponsor hiervon?

B.: Das ist ein bekannter Kaufmann, der aber so nicht genannt werden will. [I.: Okay!]

I.: (.....) Als letztes würde mich noch interessieren, was sich Ihrer Meinung nach generell noch in der Heimerziehung verbessern sollte. Also deutschlandweit.

B.: Also als erstes würde ich sagen die Übergänge von jungen Erwachsenen (..) in die Selbstständigkeit. Es ist widersinnig, dass (.) von den Kindern mit den schweren Belastungen viel früher Selbstständigkeit verlangt wird als von Kindern in gut sit-, also nicht in gut situierten, sondern in (.) Familien mit einem tragenden Netz, also wo Jugendliche auch, wenn sie ausgezogen sind, nochmal immer wieder drauf, also sowohl beziehungsmäßig als auch finanziell, immer wieder nochmal drauf zurück greifen können. Da wird von Kindern und Jugendlichen quasi verlangt die Hilfe zu verlassen, weil sie jetzt ja 18 sind. Und das führt häufig zu einer Krise, wo die Ergebnisse, die man vorher gehabt hat, also gute Ergebnisse, nochmal sehr in die Krise geraten und (.) möglicherweise auch, ja, zu misslingen führen. Und das würde ich mir wünschen grundsätzlich, aber da sind wir aber auch fachlich in der großen Diskussion dabei, dass wir da die sogenannten care leaver unterstützen und auch da versuchen Modelle zu entwickeln, wie die Übergänge sanfter gehen können und wo man mehr Sicherheit haben kann, dass man auch seinen Weg gehen kann. Das ist eine der Teile. Der zweite Teil ist natürlich so, Heimerziehung ist sehr teuer und dass da aber auch nochmal genauer geguckt wird, wie erfolgreich Heimerziehung eigentlich ist. Also ein Euro, den man in Heimerziehung rein steckt, bringt drei Euro für die Volkswirtschaft. Das muss man einfach öfter und immer wieder sagen, weil wir sonst unter dem Legitimationsdruck stehen, immer schneller die Hilfeprozesse zu bewältigen und das kann nicht gut gehen. Hilfe braucht da eine angemessene Zeit und ich sage mal eine gute Hilfe braucht mindestens drei Jahre damit man Perspektiven auch hat und Beziehungen auch entwickeln kann, die wieder lösen kann und übergehen kann und die Bindungsmuster sich dann eben auch, ja, verändern kann.

I.: Mich würde sonst noch interessieren: Also wenn die Kinder jetzt das Heim verlassen haben, haben sie hier denn dennoch noch Ansprechpartner, also können die sich mit 18 trotzdem noch melden oder ist der Kontakt (.). [B.: Wenn ja, wir machen das dann ehrenamtlich.] [I.: Okay.]

B.: Das hängt immer von dem Mitarbeiter ab wie gut die Beziehung ist, ob er sich dann nochmal, ja für einsetzt, oder manchmal haben wir auch bei den Sommerfesten oder so sehen wir dann ja auch, dass Kinder und Jugendliche, die dann groß sind, dann nochmal wieder her kommen oder nach Jahren erst nochmal wieder Kontakt aufnehmen. Da schauen wir, wie das geht.

I.: Okay, dann vielen Dank für das Interview.

B.: Ja, bitte!